养育卓越孩子三步法

常盛春 著

中国轻工业出版社

图书在版编目（CIP）数据

养育卓越孩子三步法 / 常盛春著. —北京：中国轻工业出版社，2023.8
ISBN 978-7-5184-4466-3

Ⅰ.①养⋯ Ⅱ.①常⋯ Ⅲ.①儿童教育—家庭教育 Ⅳ.①G782

中国国家版本馆CIP数据核字（2023）第107800号

责任编辑：郭挚英　　责任终审：张乃柬　　整体设计：锋尚设计
策划编辑：刘忠波　　责任校对：晋　洁　　责任监印：张　可

出版发行：中国轻工业出版社（北京东长安街6号，邮编：100740）
印　　刷：三河市国英印务有限公司
经　　销：各地新华书店
版　　次：2023年8月第1版第1次印刷
开　　本：710×1000　1/16　印张：14.25
字　　数：195千字
书　　号：ISBN 978-7-5184-4466-3　定价：58.00元

邮购电话：010-65241695
发行电话：010-85119835　传真：85113293
网　　址：http://www.chlip.com.cn
Email：club@chlip.com.cn
如发现图书残缺请与我社邮购联系调换
221398Y4X101ZBW

推荐序

养育孩子，从觉察开始

每个家长都是养育孩子的专家，肯定是的！提到对孩子的教养时，我们当父母的都有好多话要说，一套一套的，都是切身体会、经验之谈。如果家长遇到像常盛春这样的亲子教育专家，听到他的说法、建议，心里可能会有保留、有质疑、有抵触。你说的有用吗？可能对别人家的孩子有用，但对我的孩子没用，你太不了解我的孩子……

这本书大概是作者与家长们多年"缠斗"的结晶。家长们顽固地沿袭自己的养育模式，模式会有强大的惯性。常老师努力识别出这些模式，苦口婆心，坚持把家长们从模式的循环中拉出来，时不时还会被模式裹挟。他一路陪伴父母艰难地走过来，有了这本书中一个个如珍珠般闪亮的大小标题。比如书中"把短期有效变成短期长期都有效"。家长们与孩子斗智斗勇，情急之下，总能想出许多应对办法，但很多时候家长只是眼前脱身了，却留下了不少隐患。如何短期长期都有效且无害，是需要面对的挑战。又如"心碎"主题，肯定会抓住家长们的心，再一次击碎家长们的心。还如对父母"自我连接、自我疼惜、自我满足"的建议，非常有滋养。书中对养育孩子的思考和实践来自常老师、家长们和孩子们的贡献，点点滴滴，都值得细细阅读、慢慢体会。

在父母的养育经验中，可能更多的是懊恼、后悔。一方面，大多数时候父母对自己的孩子是不满意的，有许多遗憾，但没有后悔药吃，不可能重新来过，只好在二胎的养育中改变方式，或者抢着抚养第三代，想有所补救。另一方面，长期以来父母总是被指责，好像有"原罪"，孩子所有的问题都归咎于父母，父母背负着沉重的罪疚感一错再错。结果父母对孩子严也不对、松也不是，不能太威权也不能太民主，左右为难，好像没有出路。

必须反思我们的模式。作者指出，模式底下是情绪，情绪底下是信念，信念底下是经验，经验底下是选择，这是对模式深刻的揭示。真是愈深奥，愈直白。

父母曾经面临、经历重要的人生情境、际遇时，做出了自己的选择，因此有了自己的认知和情感。模式是父母人生的写照，父母存在于这样或那样的模式之中。可以把父母过往的未曾言说的历史比喻成埋下的雷，或者如书中多次提到的"炸弹"，它们终究会在养育孩子的过程中被引爆。孩子的问题、养育孩子过程中遇到的问题都是重要的线索、机缘，意味着父母要顺着引线去起雷、排雷。像常老师这样的亲子教育专家就是拆弹专家。比如，为什么我们明知孩子不喜欢，明知说了也没用，但就是忍不住、改不了，在孩子耳边唠叨个不停？是有信念在支撑我们，有恐惧和担心在控制和左右我们，让我们必须说、反复地说，我们曾经的经验告诉我们，如果不……就会……

事实是，一个所谓懂事听话的孩子会默默地把父母的雷接过来，埋在自己内心；而一个有些叛逆的孩子则当场爆了，发生我们所说的冲突。

父母是爱孩子的，因为爱孩子，会把最好的给孩子。问题在于我们对"最好"的认知可能源自我们的创伤、我们的匮乏。曾经渴望而又未被满足的需求是我们心心念念的"最好"。我们把孩子投射成那个可怜的让人心疼的自己，不顾孩子真正的需要，尽一切努力把自己认为最好的塞给孩子，想让孩子实现自己未实现的人生。结果陷入了本书中描述的"期待—

控制—贬损"的负向循环。现在我们知道了，孩子"不买账"是多么正确、多么正常，抵制父母这种以爱的名义的剥夺，又是多么不容易！

《养育卓越孩子三步法》把握了亲子关系、亲子教育中的核心议题，即心理创伤的代际传递，常盛春把父母和孩子视为一个面对历史和现实"共同进化"的整体。与其说是养育孩子，不如说是养育父母自己，成就孩子的同时成就自己。我们在养育孩子的过程中完成了创伤的转化。

从觉察开始，本书作者旗帜鲜明地提出养育孩子的第一要义。觉察是养育孩子的光明大道。

可以尝试想象觉察的样子，给出自己关于觉察的定义，然后去实践，体验觉察。

觉察好像是在父母与孩子之间增加了一个空间。非觉察的状态下，父母直接面对孩子，可能会骂孩子"你怎么这么笨"，这种骂的行为常常是不假思索的。当生出究竟是谁在骂、被骂的是谁的叩问时，就有一个觉察的空间存在了。

我们的父母骂我们"你怎么这么笨"，当我们成为父母时，我们骂孩子"你怎么这么笨"，历史在重演，或者说我们一直停滞在被父母骂的那个时刻，我们立于骂与被骂的位置没有挪动分毫。觉察就是去看看、去体验，是什么让我们焦虑，是怎样的恐惧让我们愤怒，愤怒之后又是如何经历内疚的……书中大量的例子证明，觉察会带来变化。

觉察是把注意力从孩子收回到父母自己，是父母自己与自己的亲近。如开篇所说，父母认为孩子特别难搞定，软硬不吃、油盐不进、不相信专家的分析和建议，比如可能会对本书的三步法持怀疑态度。其实，说孩子"特别"，说的是父母自己特别。如果父母所经历的能够被言说，思想和情感能够得以表达，父母那个丰富、独特的内在小孩能够被听到、被看见，那封印在父母内在的爱便会流动起来，流向孩子，并返回自身。

吴和鸣

2023年7月，写于武汉

前言

养育卓越孩子三步法的第一步是觉察模式,第二步是面对情绪,第三步是改进沟通。

养育卓越孩子三步法的第一步:觉察模式

人们通常认为养育孩子,沟通是第一位的,但是我把沟通排在第三步。关于养育孩子,觉察和改变父母的行为模式比父母的沟通方法要重要得多。

先讲一个典型的家庭教育案例。

> 一对执着于赚钱而忽略孩子的父母看到孩子学习没有动力、学习成绩不好,想要改变孩子,于是学了一些和孩子沟通的方法,但是这对父母依然执着于赚钱,在行为上忽略孩子。很显然,这样的家庭教育和沟通是无效的,孩子的学习成绩依然不好。

这对父母找到我寻求帮助。我先让他们看到,影响孩子的是他们执着于赚钱、忽略孩子的行为模式,如果不改变父母的行为模式,孩子很难变好。孩子的改变在于父母需要先做出改变。

养育卓越孩子三步法的第二步：面对情绪

父母觉察到自己的行为模式对孩子有重大影响，想要改变。但是自己的模式已经重复了很多年了，实在很难改变。

我开始帮助这对父母寻找模式形成的原因。他们谈到，之所以无法停下来拼命赚钱，是因为内在没有安全感，总害怕自己会穷，所以要非常努力做事。他们也想停下来，但是一旦停下，这种不安全感会不断冒上来，只有拼命赚钱才能减少这些负向情绪。

可见，父母的僵化行为模式是因为底下有一份无法面对的情绪。

这份情绪来源于哪里呢？他们谈到自己都是农村出来的，小时候家里很苦，父母赚钱很辛苦，所以他们对钱没有安全感。虽然家里现在不缺钱，是一个相对富裕的家庭，但是这种拼命赚钱的模式却停不下来。

我帮助他们回到小时候的情境，做一些面对情绪的功课，教他们在日常生活中如何面对自己的情绪。他们发现，自己可以开始接受这些不安全感，原来现实也没有他们想象得那么不安全。两个人终于可以改变自己的模式，留一个人在家陪伴孩子，另一个人也减少工作量，多抽时间陪伴孩子。

养育卓越孩子三步法的第三步：改进沟通

我又教给这对父母很多沟通方法，比如不批判孩子的行为，而是去了解孩子的需要，同理孩子的感受。他们分享说，有一种奇怪的感觉，虽然以前也学过沟通方法，但是用不出来，而当觉察了自己的模式、面对了自己的情绪之后，这些沟通方法就很自然地运用出来了。因为以前并不认为自己需要改变，也没有觉察到自己的情绪，只想用沟通方法控制孩子，现在看清自己的模式和情绪对孩子的影响后，内在就有了空间，愿意去了解孩子，所以沟通方法开始变得有效。

试想一下，一对暴力对待孩子的父母只学了一些沟通方法就可以不打骂孩子吗？一对急躁了很多年的父母只学了一些沟通方法就能让自己不急躁吗？一对长期都很悲观的父母学了一些沟通方法就可以改变自己的悲观思想和情绪吗？答案是否定的。学了沟通方法，对待孩子的时候，该暴力还是暴力，该急躁还是急躁，该悲观还是悲观。

令人担忧的是，如果父母痴迷于沟通方法，嘴巴上跟孩子说"我是爱你的""我不打你了""我们要平和""我们要乐观"，但行为上还是忽略孩子、还是暴力对待孩子、还是很急躁、还是给孩子传递悲观思想和情绪，这样只会造成二次伤害。

《道德经》说，圣人处无为之事，行不言之教。意思是身教胜于言传。身教就是父母的行为模式，言传就是沟通方法。改变行为模式比学习沟通方法重要得多。

真正尊重孩子的父母，不用语言说，孩子也能感受到尊重；真正平和的父母，不用语言说，孩子也能感受到父母的平和；真正乐观的父母，不用语言说，孩子也能感受到父母的乐观。

觉察和改变自己的行为模式比控制和套路孩子的沟通方法要重要得多。所以在养育卓越孩子三步法中，第一步是觉察模式。

要改变自己的模式就要面对自己的情绪，因为模式的底下是一份难以面对的情绪。

暴力对待孩子的父母往往有被暴力对待的经历。小时候没有得到尊重的父母，很容易把孩子不听话当成对自己的不尊重，就会对孩子暴力；急躁的父母往往在自己小时候父母也急躁，导致自己也急躁，这种急躁就带到了教育孩子的过程中；悲观的父母往往经历过一些挫折，这些挫折的感受没有被疗愈，就很难改变悲观的行为模式。所以养育卓越孩子三步法的第二步是要面对情绪。

觉察到自己的行为模式、自己的情绪对孩子的影响，就不会想着用沟通方法去控制和套路孩子，而是真正想要了解孩子、与孩子沟通和协商。这样的沟通才会真的有效果。所以养育卓越孩子三步法的第三步是改进沟通。

目录

第一章　养育卓越孩子三步法/1

第一节　养育卓越孩子三步法介绍/2

- 第一步：觉察模式/3
- 第二步：面对情绪/5
- 第三步：改进沟通/6

第二节　第一步：觉察模式/11

- 父母僵化的模式到底对孩子有什么影响？/12
  1. 模式会让孩子受伤/12
  2. 模式会让孩子逆反/13
  3. 模式会让孩子情绪失调/14
  4. 模式会污染孩子的世界/15
  5. 模式决定孩子的人生态度/16
- 僵化模式为什么会导致孩子反向的行为？/17
  1. 僵化模式会忽略孩子的需要和感受/17
  2. 僵化模式会让孩子逆反/17
  3. 僵化模式会忽视孩子的困难/17

4. 僵化模式会贬低孩子的自我价值/17

5. 僵化模式会扭曲事实，让人过度反应/18

❁ **父母模式的家庭来源/18**

第三节　第二步：面对情绪/20

❁ **父母情绪对孩子的影响/20**

1. 父母的情绪会传递给孩子/20
2. 父母的负向情绪会污染孩子的人生/21

❁ **父母难以面对的负向情绪/22**

1. 现在难以面对的情绪包含着过去难以面对的情绪/22
2. 现在难以面对的情绪包含着养育者不接纳的情绪/23

❁ **父母难以面对的情绪影响着孩子/24**

1. 父母小时候的失落变成对孩子的拒绝/24
2. 父母的心碎会变成孩子的心碎/25

❁ **父母的负向情绪导致孩子的反向行为/25**

❁ **父母情绪的家庭来源/26**

第四节　第三步：改进沟通/28

❁ **负向沟通对孩子的影响/28**

1. 负向沟通会变成制约/28
2. 负向沟通会把问题扩大/29
3. 负向沟通会塑造负向性格/30
4. 负向沟通会变成一个印记/31

❁ **父母的负向沟通导致孩子的反向行为/32**

❁ **父母沟通的家庭来源/33**

第五节　家庭养育烙印/35

❁ **正向的家庭养育烙印/36**

- ❀ 负向的家庭养育烙印/37
- ❀ 家庭养育烙印如何代代相传/37
  1. 父母的模式会在家里传递/38
  2. 父母的情绪会在家里传递/39
  3. 父母的沟通方式会在家里传递/41

第六节 对孩子的养育,来自自我养育/44

- ❀ 要收回对孩子的投射/44
  1. 投射会污染孩子的人生/45
  2. 投射会伤害孩子/46
  3. 投射会创造现实/46
- ❀ 父母需要修补内在自我/47
  1. 父母的自我缺失会变成对孩子的索取/47
  2. 父母的自我痛苦会发泄给孩子/48
  3. 自我无价值感的父母会夺走孩子的价值感/49
- ❀ 爱自己才能爱孩子/49
  1. 疗愈自己的内在小孩/50
  2. 重新养育自己/50
  3. 真实做自己/52

第二章 养育卓越孩子三步法具体方法/53

第一节 负向养育循环/54

- ❀ 三种核心模式/54
  1. 期待/54 2. 控制/54 3. 贬损/54
- ❀ 三种负向情绪/54
  1. 缺失/54 2. 心碎/54 3. 罪恶感/54

❀ 三种负向沟通/54

1. 期待式沟通　2. 控制式沟通　3. 贬损式沟通/54

❀ 负向养育循环/55

1. 负向养育循环开始于期待/56
2. 负向养育循环的第二步是控制/56
3. 负向养育循环的第三步是贬损/57

❀ 养育卓越孩子三步法的三个链条/58

1. 觉察期待模式—面对缺失的情绪—改进期待式沟通/58
2. 觉察控制模式—面对心碎的情绪—改进控制式沟通/58
3. 觉察贬损模式—面对罪恶感的情绪—改进贬损式沟通/58

第二节　觉察期待模式/59

❀ 期待模式/59

❀ 树的隐喻1/60

❀ 执着的期待对孩子有什么样的影响/60

1. 执着的期待会忽略孩子的需要/60
2. 执着的期待会造成逆反/61
3. 对孩子的期待是自己的缺失/61

❀ 把期待转化成连接/62

1. 给予连接/62
2. 给予疼惜/63
3. 鼓励满足/64

❀ 放下期待的法则/65

1. 第一条法则是父母给孩子自我探索的空间/65
2. 第二条法则是父母需要和孩子共同进化/68

第三节　面对缺失的情绪/71

❀ 缺失的情绪/71

❀ 树的隐喻2/71

目录

- ✿ 父母有缺失感对孩子有什么影响/72
  - 1. 缺失感让父母无法付出/72
  - 2. 缺失感让父母索取孩子/72
- ✿ 如何疗愈自己的缺失/73
  - 1. 自我连接/73 2. 自我疼惜/74 3. 自我满足/75
- ✿ 疗愈缺失的冥想/76
- ✿ 面对情绪的长期策略/78
  - 1. 觉察/79 2. 承认/79 3. 接纳/79
  - 4. 选择/80 5. 使用/80

第四节　改进期待式沟通/83

- ✿ 期待式沟通/83
- ✿ 树的隐喻3/83
- ✿ 用连接代替期待/84
- ✿ 连接式沟通/84
  - 1. 连接式沟通有两种用法：协助孩子和表达自己/86
  - 2. 一些辅助连接式沟通的语言/87
  - 3. 连接式沟通的法则——爱要进入孩子的世界/89

第五节　觉察控制模式/93

- ✿ 控制模式/93
- ✿ 控制模式会对孩子带来什么影响/93
  - 1. 控制会引发争吵，争吵带来对立/93
  - 2. 父母不接纳孩子，是父母不接纳自己/94
  - 3. 接纳孩子的缺点，才会让孩子改变/95
- ✿ 把控制转化成整合/95
  - 1. 寻求整合/96
  - 2. 给予接纳/96
  - 3. 传递信念/97

❀ 放下控制的法则/98
  1. 第一条法则是沟通是双向的，不是单向的/98
  2. 第二条法则是父母需要多一点信任，少一点控制/100

第六节　面对心碎的情绪/104

❀ 心碎的情绪/104
❀ 父母的心碎经验会对孩子有什么影响/105
  1. 心碎会让父母无法平等沟通/105
  2. 父母的心碎会造成孩子的心碎/105
❀ 心碎的自我应对/106
  1. 自我整合/106
  2. 自我接纳/107
  3. 自我信任/107
❀ 疗愈心碎的冥想/108
❀ 面对情绪的中期策略/110
  1. 接触力/110
  2. 和谐力/115
  3. 脱敏力/117

第七节　改进控制式沟通/119

❀ 控制式沟通/119
❀ 把控制转化成整合/119
❀ 一些辅助整合式沟通的语言/121
  1. 放下执着的语言/121
  2. 邀请孩子回应的语言/122
  3. 创造讨论的语言/122
  4. 示范责任的语言/123
  5. 正向表达的语言/123
  6. 先跟随再带领的语言/124

- 7. 表达动机的语言/124
- 8. 寻求双赢的语言/125
- 9. 看见动机的语言/125

❀ 整合式沟通的法则/126
- 1. 接纳而不是指责/127
- 2. 说想要的而不是不要的/127
- 3. 多了解需要，少怀疑动机/128

第八节　觉察贬损模式/129

❀ 贬损模式/129

❀ 登山教练的隐喻1/129

❀ 为什么我们会对身边的人开启贬损模式/130
- 1. 对别人的贬损来自自我贬损/130
- 2. 过度牺牲自己会变成对别人的贬损/131

❀ 贬损的三种方式/133
- 1. 语言贬损/133
- 2. 角色贬损/133
- 3. 行为贬损/134

❀ 把贬损转化成一致性表达/134
- 1. 一致性沟通/135
- 2. 展现中正/135
- 3. 确认价值/137

❀ 放下贬损的法则/138
- 1. 第一条法则是用改变影响孩子而不是用策略操控孩子/138
- 2. 第二条法则是在当下疗愈孩子的过去/141

第九节　面对罪恶感的情绪/146

❀ 罪恶感的情绪/146

❀ 登山教练的隐喻2/146

❀ 罪恶感对人生有什么影响/147

　　1. 罪恶感让人无法享受生活/147

　　2. 罪恶感让人想退缩/147

　　3. 罪恶感让人想证明自己/148

❀ 罪恶感的自我应对/149

　　1. 自我一致/149

　　2. 自我中正/150

　　3. 自我确认/150

❀ 疗愈罪恶感的冥想/151

❀ 面对情绪的短期策略/153

　　1. 情绪符合事实，顺着情绪能够达到效果/153

　　2. 情绪符合事实，顺着情绪不能达到效果/153

　　3. 情绪不符合事实，顺着情绪也不能达到效果/153

第十节　改进贬损式沟通/155

❀ 贬损式沟通/155

❀ 登山教练的隐喻3/155

❀ 用一致性表达代替贬损/156

❀ 一些辅助一致性沟通的语言/159

　　1. 表达界限的语言/159

　　2. 自我校准的语言/159

　　3. 真实表达的语言/160

　　4. 表达信任的语言/161

　　5. 卸下负担的语言/162

　　6. 给予回馈的语言/162

❀ 一致性沟通的法则/163

　　1. 父母要有健康的界限/163

　　2. 界限不清的父母对孩子的三种伤害/164

目录

 第三章　**做觉察型父母/167**

第一节　觉察型养育和模式型养育/168

1. 觉察型父母愿意改变自己，模式型父母只想控制孩子/169
2. 觉察型父母给孩子高自我价值感，模式型父母给孩子低自我价值感/170
3. 觉察型父母注重孩子的现实自我，模式型父母注重孩子的理想自我/171
4. 觉察型父母陪伴孩子的脆弱，模式型父母打压孩子的脆弱/172
5. 觉察型父母养育出觉察型孩子，模式型父母养育出模式型孩子/173

第二节　觉察的公式/175

- 结果的背后是模式/175
- 模式的底下是情绪/176
- 情绪的底下是信念/177
- 信念的底下是经验/177
- 经验的底下是选择/177

第三节　孩子行为的奥秘/180

- 看到孩子的模式/180
- 了解孩子的情绪/181
- 探查孩子的信念/182
- 知晓孩子的经验/183
- 影响孩子的选择/185

第四节　帮助自己和孩子觉察 /186

- 觉察公式的原则 /186
    1. 觉察是深入看到真相的能力 /186
    2. 阻碍觉察的是羞耻感，帮助觉察的是爱与慈悲 /187
    3. 只有能够自我觉察的人才能帮助别人觉察 /189
- 用觉察公式自我觉察和帮助孩子觉察的方法 /190
    1. 在模式层面自我觉察和帮助孩子觉察 /190
    2. 在情绪层面自我觉察和帮助孩子觉察 /190
    3. 在信念层面自我觉察和帮助孩子觉察 /191
    4. 在经验层面自我觉察和帮助孩子觉察 /191
    5. 在选择层面自我觉察和帮助孩子觉察 /191

第五节　读懂孩子不同阶段的心理需求 /193

- 孩子心理发展有六个阶段 /194
    1. 依恋期 /194　2. 探索期 /195　3. 认同期 /196
    4. 竞争期 /197　5. 关系期 /197　6. 亲密期 /198

第六节　孩子的问题是对父母改变的召唤 /200

- 孩子的问题召唤父母的改变 /200
- 孩子的问题召唤父母付出某种能量 /201
- 孩子的问题召唤父母身心平衡地生活 /202

第七节　最好的教育是自我教育 /204

- 自我教育依靠自己的经验 /204
- 自我教育可以自我复原 /206
- 自我教育可以自我扩展 /207

第一章
养育卓越孩子
三步法

# 第一节　养育卓越孩子三步法介绍

养育卓越孩子三步法是经过20多年心理学的研究实践，研发出的适合中国家庭的教育方法，经过无数案例的验证，确有成效。这套方法能够帮助父母很好地教育孩子，改变孩子的负向行为，发展孩子的正向行为，培养出一个卓越的孩子。

养育卓越孩子三步法分为：

第一步：觉察模式。模式是父母难以调整的行为惯性。父母的行为模式对孩子有决定性的影响，紧张的父母很难培养出放松的孩子，暴躁的父母很难培养出平和的孩子。并且僵化模式会忽略孩子的需要和感受，会让孩子很受伤。

我们经常说，父母是原件，孩子是复印件，所以父母一定要觉察自己的模式，父母模式的改变会引发孩子的改变。

第二步：面对情绪。父母为什么难以调整自己的行为模式？原因在于在模式的底下隐藏着一份难以面对的情绪。比如，难以面对孤独就会依赖他人的陪伴，不能面对冲突就会讨好别人。如果不能面对情绪，就无法改变模式。

第三步：改进沟通。如果执着于自己的模式、不能面对自己的负向情绪，这时候的沟通只是想控制孩子符合自己的想法，只会引发对抗。只有当我们愿意觉察自己的模式、愿意面对自己的情绪，这时候的沟通才是一种双赢的协商，孩子才会愿意沟通。

所以要能觉察自己的模式、面对自己的情绪，才会有好的沟通。

反向使用养育卓越孩子三步法就是不愿意觉察模式、不愿意面对情绪、不愿意改进沟通。这样的父母会坚持自己的模式、发泄自己的情绪、用沟通控制孩子，这样的父母想的是：孩子要按照我的模式来，孩子要为我的情绪负责，我不能面对自己的情绪，孩子要听我的。

反向使用养育卓越孩子三步法可能短期有效，但是孩子的感受一直被忽略，孩子只会越来越不配合父母。

正向使用养育卓越孩子三步法就是愿意觉察模式、愿意面对情绪、愿意改进沟通。这样的父母会觉察自己的模式、面对自己的情绪、和孩子协商，这样的父母想的是：我愿意觉察自己的模式，我可以为自己的情绪负责，我们可以一起协商找出解决方案。

正向使用养育卓越孩子三步法短期长期都会有效，孩子感觉自己被尊重，会越来越愿意和父母沟通。

我们先对养育卓越孩子三步法做一个简单介绍。

❂ 第一步：觉察模式

改变自己的模式很难，因为我们都认为自己的模式是对的。当我们认为自己是对的，就很难向内检讨自己，只会向外挑剔别人。

坚持自己的好坏对错就会忽略孩子的需要和感受，这会让孩子很受伤，如果父母不能觉察自己僵化模式，可能会重复伤害孩子，当孩子受伤过多，可能会出现很大的问题。

遗憾的是，很多父母等到孩子出现很严重的问题，才警觉需要改变自己的模式，但这样的觉察太慢了，也太惨烈了。

孩子的问题最后只带来一个结果，就是父母的悔恨。悔恨其实就是晚到的觉察。面对孩子的问题，父母会感叹：我怎么没有早一点觉察到自己的模式，我怎么没有早一点改变自己的模式，如果早一点改变模式，就不会变成今天这样！

觉察自己是很难的事，但是不觉察自己是很痛的事。要么提前反省，要么事后悔恨。我们举些例子来说明不愿意觉察和改变自己的模式带来的后果。

前一段时间网上流传一段视频，一位妈妈当着老师、同学的面扇了自己孩子几巴掌，孩子已经很沮丧了，但是妈妈根本没有觉察，扇了第一次还不行，还回头又扇了孩子第二次。她刚走出几步远，孩子直接从楼上跳了下去。很显然，这位妈妈用羞辱孩子的模式对待孩子很久了，要不然孩子反应不会这么强烈，妈妈没有觉察到孩子内心的感受，持续用羞辱的模式对待孩子，直到失去自己的孩子，留给妈妈的就只有迟到的悔恨。

> 有一个妈妈总是责骂孩子，直到孩子有一天不想上学了，她来找我。她说："我怎么这么倒霉，有这么一个孩子！"等她释放了那些抱怨的情绪，稍微平静之后，我问她，通过这件事学到什么？她说，不应该老是责骂孩子，应该多给孩子认可。我说："你不是一个倒霉的妈妈，只是一个缺少觉察力、觉察速度很慢的妈妈，如果你早点觉察和改变自己的模式，早点看到孩子的需要，孩子就不会像今天这样了。"

愿意觉察自己的模式、看到孩子需要的父母，是带给孩子很多爱的父母；坚持自己的模式、忽略孩子需要的父母，是带给孩子很多伤害的父母。在养育卓越孩子三步法里有一个说法，孩子无法改变的问题背后是父母无法调整的模式。可以这么说，任何一个持续存在问题的孩子背后都有一个父母的僵化模式。父母需要增加自己的觉察，减少自己的模式。觉察自己的模式如此重要，我们都需要做有觉察力的父母。

❁ 第二步：面对情绪

父母无法改变的行为模式塑造了孩子的人生，那模式是如何形成的？如何改变一个人的模式？

模式底下是一份情绪，因为无法面对某一份情绪，才形成了某种僵化模式。比如我们害怕权威，就会跟权威保持距离来逃避那份对权威的害怕。比如我们觉得自己没有价值，可能会过度努力工作来逃避那份觉得自己无价值的感觉。

人总是会面对各种的情绪，比如脆弱、恐惧、失落、愤怒、罪恶感。如果父母不能接纳这些负向情绪，就会变得控制、挑剔、指责、批判、完美主义，因为逃避某一份情绪而形成的僵化模式会伤害孩子。

父母持续的负向情绪往往来自父母的童年心碎。心碎就是需要被人剥夺的痛苦感觉。父母需要花点时间疗愈自己的负向情绪，否则会影响自己的孩子。

举一个案例来说明妈妈人生的失落怎样影响到自己的孩子。

> 一位访客上学的时候没有考到自己理想的学校，觉得自己辜负了父母的期待，非常伤心难过，所以她就期待自己的孩子能上最好的学校，上了广州最好的学校还不行，还要上全国最好的学校，上了全国最好的学校还不行，还要去美国上最好的学校。孩子其实跟她表达过自己很想轻松一点，但是妈妈对孩子有非常执着的期待，孩子不得已，就压抑自己，去满足妈妈，就算孩子已经考到美国最好的学校，妈妈还是给孩子很大的压力，让孩子一

> 定要在学校里表现得更好、做更高的进修，孩子已经很不开心了，甚至想要退学，妈妈不但无法宽慰孩子，还继续给孩子压力，直到孩子在美国抑郁了，想自杀。

她找到我求助。我说："很显然，你期待孩子上最好的学校这个模式给了孩子很大的压力，孩子一直无法放松，就变得抑郁了，你要放下你的期待。"

她说："我有时候也想放下，但是我很难改变自己。"我说："你对孩子的期待源于你自己的缺失，你小时候对考学有很大的失落，其实你是想让孩子弥补你的失落。"

她说："是的，每当想到我小时候，我就忍不住要求孩子。"她问我如何改变。我说："你需要疗愈你的失落。"我帮她回到小时候的情境，释放她小时候的感受，她哭了一个多小时，从那之后她放松了很多，对待孩子的态度有了很大转变，她的孩子也因此放松了很多，心理状况有了很大的好转。

每个人都经历过失落，如果我们无法放下这些失落，还想让伴侣和孩子弥补我们的失落，会给身边人带来很大压力，他们会牺牲自己的快乐来满足我们。这种牺牲会让身边人痛苦、压抑，甚至抑郁，父母要想孩子快乐，不能让孩子来弥补自己的失落。

父母无法面对的负向情绪会变成执着的模式，对孩子有负向的影响，所以父母需要面对自己的负向情绪。

❀ 第三步：改进沟通

当你愿意觉察自己的模式、愿意面对自己的情绪，你才会跟孩子有好的沟通。

你的沟通方式决定了孩子的人生。如果你会沟通，孩子会感受到爱与力量，会有一个好的人生。如果你不会沟通，孩子会感觉到痛苦与挫败，孩子会产生问题。

> 有一位爸爸来上我的课，他学历很高，儿子正在上中学。他希望儿子能考上很好的大学，但孩子不怎么爱学习，喜欢打游戏。他很着急，对待孩子的方式不断升级，从最初的批评到严厉地责备，到最后忍不住动起手打孩子。孩子的厌学情况非但没有好转，反而越来越严重。这位爸爸很挫败，无奈之下，不断降低对儿子的期望，从希望孩子考上211的大学调整到考一个普通重点大学，最后想着能考个本科就可以，最后连这个期待都放下了，只希望孩子身体健康就好了。

他问我怎么办。我说："首先你要觉察自己喜欢着急的模式，要面对你焦虑的情绪，然后要改善你的沟通方式。孩子打游戏的行为背后，有一部分是合理的需要，比如说释放压力、休闲娱乐。如果不懂沟通方法，直接否定孩子打游戏的行为，往往会让这个行为越来越严重。==可以用先跟随再带领的沟通方法，先理解孩子的需要和情绪，然后提出你的需要和建议。先站在孩子的角度考虑问题，再提出你的看法。=="

当天晚上他的孩子又在打游戏，他改变了以往责骂的沟通方式，跟孩子说："爸爸理解你刚从学校回来需要放松，爸爸也理解你高中学习有压力，需要放松，爸爸也关心你的身体，担心你的眼睛受损，希望我们可以找到既能放松自己、又能照顾到你身体的方法。"

当他这么说了之后，当天晚上孩子就缩短了玩游戏的时间，变得很愿意跟他靠近、跟他沟通。经过一段时间的沟通，孩子改变了很多，学会了劳逸结合。

孩子有一天跟他说，有信心可以考上好的大学。他很高兴，问孩子为什么有信心了。孩子说："因为你现在变得会跟我沟通了，你以前说的话让我有被误解、被伤害的感觉，现在说的话让我有很多被理解、被爱的感觉。"

会沟通的父母会养育出成功卓越的孩子，不会沟通的父母会养育出失败痛苦的孩子。父母沟通的品质决定了孩子人生的结果。

如果把父母对孩子的养育比作养育之树，父母的沟通方式是树枝，父母的行为模式就是树干，父母的情绪是树根，这棵树上结的果实就是孩子的人生。

通常的家庭教育看到果实有问题，只想改变树枝（沟通方式），但是如果父母不关注树干（行为模式）和树根（情绪），也就是不觉察自己的行为模式，也控制不了自己的情绪，只是解决树枝的问题，孩子很难得到根本性的改变。

想要这棵树上结出好的果实，需要觉察树干的问题（觉察模式），面对树根的问题（面对情绪），改进树枝的问题（改进沟通）。

当你有好的情绪，有爱、温柔、耐心、平和、自信、有力量，你的行为会有智慧，你会接纳、陪伴、引导、示范、帮助、认可、鼓励，你会有好的沟通，你会聆听、理解、真实、协商、包容、整合。当这棵养育之树的树根、树干、树枝不断输送这些正向的营养给孩子的时候，孩子就会变得优秀卓越。

当你有不好的情绪，暴躁、恐惧、焦虑、痛苦、愤怒、抑郁，你会有僵化的行为模式，你会挑剔、批判、忽略、指责、贴标签、羞辱孩子，你就会有不好的沟通，你会固执、控制、对抗、操控、压抑、打击孩子。当父母这棵树的树根、树干、树枝用这样的方式运作，孩子会感觉到很多伤害，就无法变得优秀卓越。

父母是孩子滋养的来源，也可能是伤害的来源。

使用养育卓越孩子三步法，打造一棵滋养之树，养育出卓越孩子。

养育卓越孩子三步法和市面上的家庭教育方法有三点不同：

第一，把短期有效变成短期长期都有效。

什么样的父母就有什么样的孩子，对孩子影响最大的是父母的行为模式，而不是父母的沟通方法。一个长期指责孩子的父母学了一点浮于表面的沟通方法，在这些方法里依然带着指责的能量，或者虽然温和了几天，但是很快又回到指责的惯性，这样对孩子真的有效吗？

这样的做法不但无效，还会让孩子觉得你根本不愿意做出改变，只是想用更多的套路、更多的技巧进一步控制他，只会让孩子更加失望。如果你不愿意改变自己的行为模式，学的沟通方法的效果只会递减。

身教胜于言传，孩子往往不会听你说什么、只会看你做什么。你想教孩子不要情绪化，不如管理好自己的情绪，遇到事情积极乐观。你想教孩子要好好沟通，不如在自己面对冲突的时候保持耐心、好好协商。当你以身作则，孩子会以你为榜样，孩子就会做到。

养育卓越孩子三步法是以改变父母的性格模式为基础的家庭养育系统，是短期长期都有效的家庭教育系统。

第二，把伤害变成滋养。

当父母坚持自己的行为模式，就会忽略孩子的需要和感受，这会带给孩子伤害，会让孩子出现问题。当父母愿意觉察和改变自己的模式，看到孩子的需要和感受，孩子会受到滋养，会容易成功。

很多父母因为自己对人生过度焦虑和担忧，从而对孩子过度控制或者忽略孩子，导致孩子出现问题。

<u>家庭教育的一个重要方向就是完善父母的内在世界，优化父母的性格模式，让父母成为一个情绪稳定、了解孩子需要、能够给孩子提供滋养的人。</u>

有两种家庭教育的方向，一种是通过孩子的问题促使父母成长和转变；另一种是不帮助父母成长，而是帮父母继续用策略控制孩子。

有的家庭教育方法因为缺少心理学做理论支撑，虽然看到一些父母执着的性格模式，但是觉得无力去改变父母，转而站在父母这边继续控制、操控和指责孩子。这样的家庭教育会和父母站在一起伤害孩子，而不是改变父母、滋养孩子，会造成很大的危害。

养育卓越孩子三步法把父母的成长和转变放在最重要的位置，并且提供细致的方法，是把伤害变成滋养的家庭教育系统。

第三，把单向教育变成共同进化。

父母面对自己的孩子往往有一种天然的权威感，觉得孩子应该按照自己的认知模式过人生。如果父母把这样的思考变成一种执着，就会变成一种单向的教育，会忽略孩子的想法和感受，想要让孩子符合自己的标准。这往往会压抑孩子的感受，损伤孩子的天性。

父母要接受孩子是和自己不一样的生命，父母需要的不是单向控制、灌输标准，而是需要和孩子彼此学习、共同成长。这需要父母有勇气放下自己固有的思想和理念，接受新的观点、新的想法。

这意味着父母需要改变自己惯性的想法、僵化的认知，这往往会引发父母的恐惧和焦虑，所以很多父母为了躲避这些恐惧和焦虑的感受，会坚持自己的想法，把自己的想法强加给孩子，给孩子造成伤害。

如果父母有这样的倾向，孩子在以后面对自己人生的时候也会跟父母一样，不愿意去拥抱变化，而是坚持自己的想法，去控制身边的人和事，这样对自己和身边的人都会有所伤害。

父母需要有勇气去放下自己固有的思想和理念，去接受新的观点和想法，把这些变化带来的恐惧和焦虑变成改变和成长的动力，扩展自己的人生。当父母这样做，孩子在以后面对自己人生的变化的时候也会以父母为榜样，愿意去拥抱变化，会和身边的人互相学习、共同成长。

第二节 第一步：觉察模式

这一节我们深入介绍养育卓越孩子三步法的第一步——觉察模式。

解决孩子的问题，答案在哪里？其实在孩子的心里。孩子内心可能会想，如果我有一对不一样的父母，我就会是一个不一样的小孩。

孩子是父母的镜子，有什么样的父母就有什么样的孩子。很多父母历经了千辛万苦才懂得要觉察，如果当初不用那样的方式对待孩子，孩子就不会出现这样的问题。正是当初自己对待孩子的模式造就了今天的孩子，父母的模式塑造了孩子的模样。

很多父母等孩子有了一个不好的模样才觉察到自己的模式。孩子不上学了，才发现自己不应该长期忽略孩子；孩子叛逆，才发现不应该总是管教太严格。让孩子付出这么大代价换来对自己的一个觉察，代价实在是太大了，父母应该早一点觉察到自己的行为模式对孩子的影响，早点调整和改变自己的行为模式。父母应该有知有觉、先知先觉、快知快觉，不应该无知无觉、后知后觉、慢知慢觉。

我们倡导父母成为有觉察的父母，"觉"是如实观察，"察"是发现智慧，觉察就是通过对事物的如实观察，发现让生命更好的智慧和能力。

讲得通俗一点，觉察力就是反思力。如果父母能敏锐观察到自己的行为对孩子的影响，就一定会调整自己的行为，用更好的方式对待孩子。有觉察力的父母发现骂孩子不好，下次就不骂了，发现打孩子不好，下次就不打了，会在和孩子的互动中，发现对孩子最好的方法。

一个人陷入僵化模式就会失去觉察力。模式是无法调整的行为惯性，当我们说到惯性、执着、条件反射、自动化反应时，都是在说人有一个僵化模式。

有些父母明明知道自己的行为模式对孩子有不好的影响，可就是停不下来。比如明明知道骂孩子不好，还是忍不住要骂孩子；明明知道打孩子不好，可是控制不住要打孩子。模式就像是一个按钮，会引发自动化反应，一启动模式就会生气，一启动模式就会挑剔。这些自动化反应会忽视孩子的感受，每次模式被启动都会让孩子感受到痛苦。

父母爱孩子就不能有太多僵化模式。因为就算父母爱孩子，但是当自己的模式被启动后，就没有爱，只有伤害了。僵化模式可能一天被触发好几次，也可能一个月被触发好几次，如果每次触发都会带给孩子一些负向影响，这些负向影响不断累积，就会变成一个难以解决的问题，模式像雪山上滚下来的雪球，如果没有觉察，雪球会越滚越大，甚至变成雪崩。

❂ 父母僵化的模式到底对孩子有什么影响？

1. 模式会让孩子受伤

当父母有一个僵化模式的时候，比如要求孩子一定要学习名列前茅，一旦孩子达不到自己的要求，父母就会有负向情绪，这种负向情绪带来的指责会让孩子很受伤，从而更难把事情做好。

其实孩子原本是想把事情做好的，做不好事情有两个原因：一是孩子真的遇到了困难；二是孩子需要被鼓励和认可。

当父母执着于自己的模式，既不愿意了解孩子的困难，也不愿意给孩子鼓励和认可时，这会导致孩子很受伤，孩子会在这件事里留下一份痛苦。人对于夹杂着痛苦的事情容易造成不好的结果。比如学习的时候总是被否定，就会排斥学习，学习成绩当然不好；说话的时候总是被人嘲笑，当众说话的时候就更紧张，更讲不好。

带着伤口，孩子很难把事情做好。父母越执着，越会适得其反。

> 一个妈妈看到孩子学习不好，很着急，会说"你怎么这么笨"。她想知道怎么样让孩子学习变好。我说："你如果能够了解你孩子的感受，就能知道怎么帮助孩子。"

我说："'你怎么这么笨'这句话你小时候听谁说过？"她说，小时候做作业的时候她的妈妈经常这么说话，"你怎么这么笨""怎么老是学不好"。我问她："你妈妈这样说你的时候，你的感受是什么？"她说："我觉得很烦、很受伤，觉得自己真的很笨，觉得学习是一件很辛苦的事，这种受伤的感觉让我很想要放弃。"她回想起了很多小时候的感受。

我问她，这对她人生的影响是什么？她说，从此之后，她总是觉得自己很笨，学习也变得不好，影响了她一辈子。

我说："你小时候的感受就是现在你孩子的感受。如果你不能改变自己的模式，你的孩子可能会跟你一样。"

在这个过程中，她深入地觉察到指责带给孩子的伤害，感受到孩子受伤的感觉，认清这种方式并不能让孩子学习变好。她开始放下自己指责的模式，经常安慰孩子，鼓励孩子，耐心地了解孩子在学习过程中遇到的具体困难，孩子对学习也慢慢变得有了信心。

2. 模式会让孩子逆反

父母的模式会变成对孩子的批判，批判带来对抗，对抗造成逆反。

当父母有执着的模式时，如果孩子达不到父母的标准，父母就会批判孩子，孩子会很不舒服，从而产生对抗，这些对抗往往会表现为一些逆反行为。孩子想通过这些逆反行为让父母难受。所以父母越想让孩子勤奋，孩子越懒惰；父母越希望孩子学习好，孩子越厌烦学习。

> 一个妈妈总要求孩子不能情绪化，孩子一有情绪，妈妈就会生气，骂孩子，甚至打孩子。孩子小的时候还好，等孩子大一些了，她发现孩子越来越情绪化，她跟孩子的冲突也越来越激烈。

我请她做了一个角色扮演，让她扮演情绪化的孩子，让其他两个人用两种不同的方式来对待她。第一个人不停地指责她，第二个人接纳她的情绪，想要了解她情绪背后的原因。结果，第一个人对待她的方式让她变得更加情绪化，第二个人对待她的方式让她减少了自己的情绪化。通过角色扮演她明白了自己的指责只会让孩子逆反。她开始接纳孩子的情绪，对孩子指责少了，转而耐心和孩子沟通，帮助孩子疏解情绪，孩子的情绪化很快就好了很多。

批判和指责只会造成逆反，接纳和了解才能带来正向改变。

3. 模式会让孩子情绪失调

当父母坚持自己的模式时，孩子就会压抑自己的情绪、配合父母的要求。但是情绪是一种能量，不会因为压抑而消失，最后会导致情绪失调。

当父母坚持自己的模式、排斥孩子的情绪后，孩子的情绪就进入四个步骤的失调，第一步觉得自己某种情绪是不好的，第二步就是去压抑情绪，第三步情绪压抑久了就会爆发，然后就进入第四步，因为情绪的爆发而后悔，然后就再次进入第一步，不断循环，情绪就会越来越失调，甚至产生心理问题。

如果父母接纳孩子的情绪，孩子会去觉察和面对自己的情绪、学习如何恰当地调节情绪，但是如果父母陷入僵化模式、压抑孩子的情绪，孩子的情绪就会失调。

有一对父母说,孩子去旅游,突然开始害怕身上有很多病菌,恐惧症发作,最后连学都上不了。关于他们一家人,妈妈平常很胆小,爸爸则表现得相反,而且要求身边的人一定要勇敢,非常排斥胆小怕事的人。爸爸很不接纳孩子的恐惧情绪,曾经训练孩子在很高的地方去走,孩子明明已经很害怕了,甚至恐惧地大叫,爸爸还是要求孩子继续走。

不能接受别人有恐惧情绪,是因为不能接受和面对自己的恐惧情绪。爸爸其实是内心很恐惧的人,但是他不能接受自己的恐惧,所以固执地要求孩子一定要勇敢。他不接受孩子的恐惧,甚至让孩子做一些很恐惧的事,导致孩子在恐惧的情绪中越陷越深。我帮父母认识和接纳了自己的恐惧,他们开始耐心地陪伴孩子,接纳孩子的恐惧,孩子也变得没那么恐慌了。

4. 模式会污染孩子的世界

僵化模式也包含僵化的认知模式,父母僵化的认知会污染孩子的世界。孩子会倾向于认同父母,会受到父母人生信念的影响。

如果父母对自己的认知模式没那么执着,孩子就可以选择适合自己人生的认知。如果父母过于执着,孩子就会被迫选择认同父母的认知。这样父母的认知模式就污染了孩子的世界。

一个女生说,她丈夫很无能,家里的事只能靠她自己。于是,她有一个信念:男人靠不住,女人一切都要靠自己。我问她,"男人靠不住,女人一切都要靠自己"这个信念是怎么形成的?她说起小的时候,她爸爸不照顾家里,还有外遇,她妈妈经

> 常跟她说，男人不是好东西，男人靠不住，女人只能靠自己。长大之后，她跟她丈夫在一起，发现自己很难信任对方，凡事都要自己亲力亲为。一开始她丈夫挺努力的，但是因为缺乏安全感，她对丈夫就很挑剔，久而久之，她丈夫也没有做事的积极性了，结果，一切事情都要她来做，她把自己弄得很辛苦。

我问她："如果你老公很能干，你老公养着你，你会有什么感觉？"她说，还是觉得男人靠不住，女人要靠自己，只有辛苦做事才有安全感。

我跟她说："你妈妈的人生污染了你的人生。你妈妈有一个很强烈的信念，男人靠不住，女人一切要靠自己，你完全承接了妈妈的信念。如果不能从妈妈的信念中解脱出来，你会重复妈妈的命运，跟妈妈一样成为一个很辛苦的女人。"

5. 模式决定孩子的人生态度

父母的行为模式会变成图像储存在孩子的内在，当孩子以后遇到类似的事件时，这些图像就会跳出来，影响孩子处理事情的方式。

如果父母遇到冲突平和处理，孩子以后面对冲突也会平和处理；如果父母遇到冲突喜欢对抗，孩子以后遇到冲突也会喜欢对抗。父母的模式会决定孩子的人生态度。

> 有一个妈妈说，孩子在学校有打人的行为，问该怎么办。我问她："你和你老公经常打架吗？"她说，是的。我又问她："你们会打孩子吗？"她说，也会打。孩子的行为就是从父母身上学的。大人使用暴力解决冲突，孩子遇到冲突的时候也会使用暴力。

她问怎么改变。我说："你和孩子的爸爸需要学习用沟通的方式处理冲突，而不是用暴力处理冲突。当你们有情绪的时候，要学会沟通，不要把情绪变成暴力。"

模式决定人生，你的模式不但决定了你的人生，也决定了孩子的人生。

✿ 僵化模式为什么会导致孩子反向的行为？

父母的僵化模式往往导致孩子反向的行为。父母越想让孩子听话，孩子就越不听话，父母越想孩子成功，孩子就越失败。

1. 僵化模式会忽略孩子的需要和感受

僵化模式下孩子会有受伤的感觉，带着受伤的痛苦，孩子难以把事情做好。比如你要求孩子学习一定要好，有时候表现不好，你就责骂孩子，孩子在学习这件事上就很受伤，慢慢就会学习不好。

2. 僵化模式会让孩子逆反

父母带着自己的执着要求孩子做某件事，孩子会做相反的事来和你对抗。比如你要求孩子一定要勤奋，如果这个要求变成一种强迫，没有协商的空间，孩子就会慢慢逆反，你越要求孩子勤奋，孩子就越懒散。

3. 僵化模式会忽视孩子的困难

父母看不到孩子的困难，孩子得不到父母的帮助，会无法把事情做好。比如你要求孩子一定要达成目标，你忙着监督挑剔孩子，就会忽略孩子面对的实际困难，孩子面对困难得不到你的帮助，就无法达成目标。

4. 僵化模式会贬低孩子的自我价值

父母的僵化模式会让孩子失去自信，从而难以把事情做好。比如僵化模式下父母往往会指责、批判孩子，孩子就会有低自我价值感，觉得自己很难把事情做好，最后事情就真的做不好。

5. 僵化模式会扭曲事实，让人过度反应

僵化模式下不仅不能解决原来的问题，反而会产生新的问题，让事情更加难以解决。比如孩子学习不好，你对孩子过度焦虑和指责，这会加重孩子的心理负担，可能让单纯的学习问题变成难以解决的心理问题，甚至是心理疾病，这样问题更难解决。

❀ 父母模式的家庭来源

既然父母的模式对孩子影响这么大，那父母的模式从何而来？其实没有一个人天生就脾气不好，也没有一个人天生就强势，我们都受到环境尤其是父母的影响。我们会内化父母的情绪、行为、信念，从而形成了自己的模式。父母不但塑造了我们的性格，也塑造了我们养育自己孩子的模式。

父母养育我们的方式会烙印在我们的内心。当养育自己的孩子时，我们会不自觉重复父母养育我们的模式。父母对待我们的模式就变成了我们对待孩子的模式。

> 有一个爸爸要求孩子考试一定要考进前几名。每当孩子考不到后，他就忍不住要责怪孩子，导致孩子有了逆反情绪。我问爸爸："'孩子学习一定要考前几名'这个执着，你是从哪里学来的？"他说从他的爸爸那里学来的。原来他们家族有很多学业有成的人，学习一定要好就成了一个家族传统。他的爸爸在他小时候就要求他一定要考进前几名，如果考不进就会批评他，所以当面对自己孩子时，他也会不自觉这样要求他的孩子。

父母教养我们的烙印会在我们对待自己的孩子时自动启动,变成一个模式。我们的孩子也会不自觉内化我们的这些情绪、行为和信念,再去养育他们的孩子,所以父母养育的烙印会代代相传。如果想更好地养育孩子,我们需要从父母养育烙印中解脱出来,成为有觉察力的父母。

第三节　第二步：面对情绪

父母的模式对孩子有至关重要的影响，那模式是如何形成的？如何改变自己的行为模式呢？

其实，模式的底下是一份情绪，因为无法面对某一份情绪，才形成某种僵化模式。害怕孤独，就会依赖别人；害怕失败，就会拼命追求成功。

如果父母有很多负向情绪，比如恐惧、失落、愤怒，就会形成很多僵化模式，比如控制、期待、批判。这对孩子有很多负向影响。如果父母有很多正向情绪，比如快乐、自信、力量，父母就会表现出很有智慧的行为，比如沟通、协商、鼓励。这对孩子有很多正向影响。

父母需要减少负向情绪，增加正向情绪，才可以更好地养育孩子。

✿ 父母情绪对孩子的影响

1. 父母的情绪会传递给孩子

父母紧张，孩子也会紧张；父母快乐，孩子也会快乐。父母需要面对和调整自己的情绪。

有一对父母说，孩子学校的老师很紧张地来找他们，说孩子们在学校画画，别的孩子画的都是花鸟树木，他们的孩子画的都

> 是枪炮和很多血腥的东西。老师问孩子为什么要画这些？孩子说，要用这些枪炮把这个世界都毁了。

孩子一般不会有这么多毁灭性的情绪，这些暴力情绪都是家庭传染给孩子的。我问这对父母："你们家庭当中是不是有很多暴力情绪？"他们说，是的。他们夫妻在沟通的时候，经常彼此很不耐烦，声音很大，会骂脏话，还会打架，扔东西。那段时间他们冲突比较多。

行为的背后是情绪。我问他们："你们彼此对骂甚至打架的时候，情绪是怎么样的？"他们说，冲突很大的时候想把一切都毁了。这就是孩子感受到的，孩子感受到了大人的心理感受。如果大人无法面对这些毁灭性的情绪，持续家里的暴力行为，这些毁灭性的情绪会持续传递给孩子，孩子可能会出现更大的问题。他们开始深入面对自己的负向情绪，认真学习沟通方法，疏解情绪。两个人也开始改变彼此的互动模式，改变暴力模式。几个月之后，因为父母的改变，家里气氛得到了改变，孩子也不再画那样的画了，可见孩子内心平和了很多。

2. 父母的负向情绪会污染孩子的人生

父母如果不能面对自己人生的痛苦，就会把这些痛苦变成对未来人生的恐惧，也会变成孩子对未来人生的恐惧。其实很多时候孩子本来很快乐，因为父母过度恐惧，孩子才会丢掉自己的快乐、去认同父母的情绪。父母用自己人生的经验污染了孩子的人生经验。

> 有一个妈妈人生过得很辛苦，很不如意。她无法面对自己人生的痛苦，害怕女儿长大会和自己一样，所以对女儿要求非常严格。女儿稍有松懈，妈妈就很紧张，甚至会暴跳如雷。她经常说："你不努力长大怎么办？现在竞争这么激烈，你不努力你人

> 生不就毁了吗?"因为妈妈过度控制,孩子压力很大,为了缓解压力,孩子反而会偷偷看手机、打游戏。

我问妈妈:"你愿不愿意放下一些控制?"妈妈说:"我做不到,我害怕她以后会像我一样。"我说:"你的恐惧来自你的人生,你现在借助对孩子的控制来消除自己的恐惧,让孩子活在你人生的阴影里,这样对孩子是不公平的。"我问她女儿:"如果妈妈一直这样持续下去,你会怎么样?"她说,她不想上学了。我问孩子:"你能感受到妈妈的这种恐惧吗?"孩子说:"是的,所以我对人生也很恐惧,觉得成功太难了。"我花了很多时间,让妈妈看到她的恐惧对孩子的影响,她终于愿意疗愈自己的恐惧,而不是只想着怎么控制孩子。

我们的目标是觉察到情绪、做出改变,这是需要学习的。

❀ 父母难以面对的负向情绪

有些父母总有一些难以改变的负向情绪,如果父母有长期无法面对的情绪,这里面往往包含了一份过去的痛苦。

过去的痛苦如何变成了长期难以面对的情绪呢?

1. 现在难以面对的情绪包含着过去难以面对的情绪

如果你有一份过去难以面对的情绪,现在面对那份情绪你就会觉得很困难。

> 有一位访客每天晚上九点钟左右会升起一种烦躁的情绪,就会跟她老公吵架,她也不知道原因。我帮她回到小时候的情境,原来那时候家里做生意,晚上会有很多人过来谈事情,家里乱糟糟,她连作业都写不了,所以每次到九点,她就很烦躁很痛苦,

> 因为总是被打扰。随着时间的推移，她脑子已经忘了这些事，但小时候的痛苦还留在潜意识里，所以每到晚上九点就会勾起她潜意识里的痛苦和烦躁，让她忍不住要跟她老公吵架。

过去她觉得无法面对那份痛苦和烦躁，现在也难以应对，所以会被这份情绪淹没。我帮她重新面对小时候晚上总被干扰的痛苦之后，她变得放松了，不再那么烦躁，也不会没来由地和她老公吵架了。

如果你在当下有一份情绪很难面对，往往是因为这份情绪包含着过去的一份情绪，你要带着这份觉察重新去面对过去的那份情绪，才可以获得成长和改变。

2. 现在难以面对的情绪包含着养育者不接纳的情绪

孩子会用父母对待自己的方式来自我对待。如果父母接纳孩子的脆弱和痛苦，长大之后，孩子会觉得脆弱和痛苦是可以面对的，因为父母曾经陪伴孩子面对过。如果父母不接纳孩子的脆弱和痛苦，长大之后，孩子会觉得很难面对这份脆弱和痛苦，容易被负向情绪困住。

> 有一位访客很温柔，人很好。他的苦恼是无法表达自己的愤怒。他和别人合作的时候，总是无法争取自己应得的利益，就算别人侵犯了他的界限，他也很难表达自己的情绪，这成了他很大的困扰。

我问他："你怕什么？"他说："我怕表达自己会让别人不高兴。"我又问他："你小时候怕谁不高兴？"他说，怕父母不高兴。小时候父母不允许他表达自己的意见，不允许他生气。长大之后，他跟别人交往就很难表达自己的需要和情绪，就会重复小时候那些无能为力的感觉。我花了很多时间让他看到自己的情绪，教他合理表达自己的情绪。

❀ 父母难以面对的情绪影响着孩子

父母对待孩子的方式会变成孩子对待自己的方式。就像精神分析学派的大师阿德勒所说的，幸运的人一生都被童年治愈，不幸的人一生都在治愈童年。

难以改变的模式底下有一份难以面对的情绪，长期难以面对的情绪里面包含着一个过去的心碎。如果父母有一些过往的心碎，这些心碎会演变成重复出现的负向情绪，从而变成一种僵化的行为模式影响孩子。

1. 父母小时候的失落变成对孩子的拒绝

父母儿时如果有一些需要没有被满足，长大之后做了父母，看到孩子展现出跟自己小时候一样的需要，会勾起自己小时候需要没有被满足的痛苦，这种痛苦会演变成对孩子的需要的忽略和拒绝。

> 有一个妈妈说，孩子总要抱抱，她觉得很烦，有时候会拒绝孩子，孩子反而变得更需要抱抱。如果全心全意满足孩子的需要，孩子就会被满足，如果带着排斥去满足孩子的需要，孩子就会残留一份觉得自己的需要没有被充分满足的感觉，会一直想要被满足。为什么妈妈会排斥孩子的需要，无法全心全意去抱她呢？她说，小时候她的妈妈就不怎么抱她，对她不耐烦。长大之后，看到自己孩子需要拥抱，小时候没有得到足够的拥抱的感受就会冒上来，会很不耐烦地拒绝孩子。但是这种不耐烦反而让孩子有更多需要。

我帮她回到小时候的情境，释放了没有被足够拥抱的痛苦，当回家看到孩子后，她就没有那些不耐烦的感觉了，对孩子多了很多接纳，孩子被充分满足后，也不再有那么多的需要。

2. 父母的心碎会变成孩子的心碎

我们如果不能面对小时候的心碎，比如受伤害、被误解、被羞辱，就会想要控制身边的人，用这样的方式避免我们再次碰触到小时候的心碎。

这些控制会伤害身边的人，他们会反抗我们，从而再次勾起我们小时候的心碎。因为心碎而引发的冲突不会让事情往好的方向发展，反而会造成让人再次心碎的结果。

> 有一个妈妈因为早恋的事情跟女儿吵架，她觉得孩子不应该早恋。孩子说，现在校园恋爱很正常。我问妈妈："你小时候因为早恋的问题和父母吵过架吗？"她说，是的。她的妈妈要求她不能早恋，只要看到她和男生靠近就会骂她，那时候她很伤心，觉得父母不理解自己。当她看到自己的孩子早恋后，虽然知道年代不同了，可她还是忍不住管孩子。

显然，妈妈在早恋这件事上有一个过往的心碎，当她受到过去心碎的影响就很想要控制孩子，孩子感到压迫，就跟妈妈吵架，变得更加逆反。我帮妈妈疗愈了过往的心碎，帮助她和孩子好好沟通，找到了既能解除妈妈的担忧，又能满足孩子的青春期需要的解决方案。

虽然我们的情绪会受到过去的影响，但过去并不等于未来，我们只要愿意去面对这些情绪，就能为自己的人生做一个完全不同的选择。

❀ 父母的负向情绪导致孩子的反向行为

父母的正向情绪会塑造孩子的正向行为。父母的负向情绪会导致孩子的反向行为。父母越想让孩子积极，孩子越消极；父母越想让孩子勤奋，孩子越懒散。

父母的负向情绪至少会从以下几个方面让孩子产生反向行为。

第一，负向情绪让孩子很受伤，孩子带着受伤的感受很难把事情做好。

第二，父母的负向情绪会引发孩子的负向情绪，孩子被负向情绪席卷，难以把事情做好。

第三，父母的负向情绪会让孩子形成负向联想，以后遇到类似事情会引发痛苦的记忆和感受，从而无法把事情做好。

第四，父母的负向情绪会让孩子想要照顾父母的感受，形成过度期待，这种过度期待带来的压力，让孩子无法把事情做好。

❀ 父母情绪的家庭来源

如果父母面对我们的行为有很多的情绪反应，我们会内化父母的情绪，当我们的孩子有类似行为时，我们就会表现出和我们的父母一样的情绪反应。比如父母对我们的学习问题生气，我们也会对孩子的学习问题生气。父母对我们的未来焦虑，我们也会对孩子的未来焦虑。

父母的情绪来自自己的父母对待自己的情绪。

> 有一位访客非常富有，唯一的问题是教不好孩子。他每次见到孩子打游戏，就忍不住打骂孩子。孩子不断反抗，到最后不想去上学了，总跟他对着干，他很痛苦。我问他小时候的经历，发现他爸爸对他的管教非常严格，也会打骂他。所以他看到自己儿子打游戏，就想起爸爸管教自己的方式，会重新感受到那份痛苦，他就忍不住对孩子发脾气。他没有觉察到，他对待孩子的方式变成了小时候他父亲对待他的方式。直到帮他觉察到自己的心碎、面对小时候的伤痛之后，他对待孩子的方式才开始有所改变。

心理学研究发现，被伤害过的人会用类似的方式伤害别人。父母的心碎会在某个时候冒上来，就会用自己父母对待自己的方式对待孩子，对孩子造成伤害，这些家庭里受伤的情绪就会代代相传。

父母需要觉察自己的情绪，疗愈自己的情绪，才能给予孩子更多的滋养，从而更好地养育孩子。

# 第四节　第三步：改进沟通

会沟通的父母让孩子感受到爱，让孩子自信、快乐、有力量。不会沟通的父母让孩子受伤，让孩子感到自卑、沮丧、无力。父母的沟通方式决定了孩子的人生。因此，沟通是父母要学的一门重要功课。

父母能够觉察自己的模式，能够面对自己的情绪，这时候的沟通是有弹性的、是充满爱的、是双赢的。我们把这样的沟通叫正向沟通。父母坚持自己的模式，不能面对自己的情绪，这时候的沟通是僵化的、是充满伤害的、是输赢的。我们把这样的沟通叫负向沟通。

✿ 负向沟通对孩子的影响

1. 负向沟通会变成制约

心理学研究发现，一个人做事时如果受到指责，会形成对这件事的负向信念，会跟自己说，"我做不好这件事""这件事太难了""我是不会成功的"。一个人有了负向信念，态度会变得负面，视野会变得狭隘，创造力会受到限制。

当孩子遇到困难时，如果父母用指责、挑剔、批判、误解的沟通方式对待孩子，孩子会留下创伤，以后面对类似的事情就没有信心去做好。这就是一种制约。

孩子学习不好，很可能是父母在学习方面总指责孩子。孩子情绪不好，很可能是父母总否定孩子。可见，父母的沟通决定了孩子的人生，孩子活在和父母的沟通里。

> 有一个妈妈，女儿长大了，喜欢穿好看的衣服，喜欢出去玩，有时候和男孩子一起玩，妈妈就用很粗俗的话去管教孩子，甚至骂孩子。孩子自然会反抗，变得更加逆反，甚至经常不回家。我问她，这样的沟通有效吗？她说："我也知道没用，但是我就是控制不了自己。"我又问她："你看到孩子穿得性感，你的感受是什么？"她说，觉得这样很不好。她的父母在她自己青春期的时候，就是经常用侮辱性的语言跟她沟通，这让她很痛苦，在以后的人生中，尤其是两性关系方面，她变得很自卑，有很多混乱和伤痛的经历。

我帮她回到小时候的情境，表达了很多对父母的愤怒，释放了小时候的很多痛苦，最后在内心和父母做了和解。等她再看到自己的孩子时，就开始欣赏孩子。她学会了对孩子表达关心和担心，而不是总想着用污言秽语伤害自己的孩子。孩子和她的关系也改善很多。

不好的沟通会让孩子不知道如何面对一件事，会造成挫败。父母需要学习改进自己的沟通方式。

2. 负向沟通会把问题扩大

人每天都会遇到问题，好的沟通会把问题变成成长，不好的沟通会把问题变成灾难。很多父母的沟通方式就是在不断制造灾难，负向沟通本身就是一种灾难。

> 有一位访客和她老公对孩子上什么学校总有不同意见，每隔

一段时间，就会因为孩子选择学校的问题爆发一次冲突。几年间，孩子换了好几所学校，孩子也因此不想去上学了。

沟通无法达成一致是因为没有表达底层的需要和感受，只是在各自坚持表层的计划和方案。我问她："如果你听到一个人跟你说，我很需要安全感，我很需要爱，这件事让我很难过，你会有什么感觉？"她说："我会觉得跟对方很靠近，很愿意帮助对方，为了对方改变自己。"我又问她："当一个人说，'这就是我的方案，不能改变，一定要按我的方案来执行'，你会有什么感觉？"她说："我会很有压力，很想跟对方对抗。"

这是他们无法达成共识的原因，当双方愿意分享心里真实的感受和需要时，会愿意靠近对方，愿意改变自己。当双方只想坚持自己的计划和方案时，就不愿意靠近对方，也不愿意改变自己。沟通时要分享底层的需要和感受，才能达成一致。

3. 负向沟通会塑造负向性格

沟通是把负向情绪用爱的语言表达出来。很多人不知道如何用建设性的语言来表达负向情绪。

当你生气时，你可以表明立场，不一定要责骂对方；当你着急时，你可以表达需要，不一定要控制别人。父母要学习用爱的语言来表达负向情绪。

大部分的人只会用伤害性的语言来表达负向情绪。可以分为四种类型的人：第一种是讨好型的人，有负向情绪的时候就委屈自己，这样的人会伤害自己；第二种是指责型的人，有负向情绪的时候就指责别人，这种人会伤害别人；第三种是理智型的人，这种人会压抑自己和他人的感受；第四种是打岔型的人，这种人碰到情绪就逃离，别人很难触碰到他的真实感受，这会让别人感到烦躁。

这四种类型不管是哪一种，都会对关系造成伤害。父母的沟通模式会变成孩子的沟通模式。如果父母不能改变自己的沟通模式，将会对孩子性格塑造产生负向影响。

> 有一位访客，我一眼就看出他是讨好型的人。从身体心理学上的角度来看，一个人的胸膛代表一个人的自我，如果胸膛是凹陷下去的（非生理性原因），往往代表这个人很难表达自己真实的感受。这个访客的胸膛就是凹陷下去的。他接下来诉说的生命故事也证明了这一点。他在生活中很难表达自己，总是委屈自己，照顾别人的感受，很多人找他借钱，他都难以拒绝，不想借也会借出去，在生意上经常被人算计和欺骗，让自己特别累。

这样的性格往往是父母中至少有一个人也是这样跟别人沟通的，他认同了父母的沟通方式，变得跟他们一样。他说，他的爸爸就是这样的，与人有冲突时，总是退缩躲避，总是委屈自己，不敢表达自己。

我问他，他爸爸的胸膛是不是也是凹陷下去的。他说，是的。很显然，他爸爸有情绪的时候，总是委屈自己，他跟他爸爸学到，有情绪的时候也委屈自己。这不但影响了他的性格，甚至连身体形态都跟他父亲很像。

如果不懂得怎么表达负向情绪，要么会伤害别人，要么会伤害自己。

4. 负向沟通会变成一个印记

心理学研究发现，一个人的伤痛记忆会变成一个印记，那个创伤事件中的画面、情节、话语、身体感觉都会变成印记的一部分，这个印记会在人生中不断被刺激，从而衍生出一些不好的结果。

> 我有一个做心理咨询师的学生，找我做督导。她有一位20多岁的访客，从小父母、亲戚对他很不好，经常骂他，后来他辍学了。这个访客有一些很奇怪的行为，他在街上看到屁屁就会有种欲望想要吃掉它，所以他每次看到屁屁都要赶紧清理掉。

我的学生想知道为什么会这样。我告诉她说，很多停不下来的行为是因为内在有一句话在驱使，这句话就像咒语一样，会让人产生控制不了的行为。

他看到屁屁就想吃，可能有人用类似的话语伤害过他，比如说，"你一定会失败""你真的很丢脸""你应该去吃屎"。

她很惊讶，跟我说起，这个访客的妈妈在他小时候经常骂他"你怎么不去吃屎？"这句带着伤痛的话变成了这个年轻人内在重复出现的声音，影响了他的思维和行为。

如果父母曾经用语言伤害过孩子，那句话可能会变成一个咒语萦绕在孩子的人生中，让孩子无法活出快乐的人生。

❀ 父母的负向沟通导致孩子的反向行为

父母的负向沟通往往会导致孩子的反向行为。负向沟通就是坚持自己的模式，不能面对自己的情绪，父母只想让孩子臣服于自己的想法，而不是探讨彼此的想法。这样的沟通对孩子的影响有以下四点。

第一，负向沟通让孩子感受到不被尊重，孩子会忙着维护自己的尊严而无法跟父母探讨问题。比如，和孩子探讨学习时，如果父母用负向沟通，孩子会忙着维护自己的尊严，根本不会认真探讨学习的具体问题，学习的问题无法解决，孩子的学习也不会变好。

第二，因为负向沟通不顾孩子的感受和需要，所以孩子会陷入对抗模式。比如，和孩子探讨玩手机的问题，父母的执着和情绪会让孩子想要和父母对抗，在吵架的情况下，父母越想让孩子做什么，孩子就越不想做什么。

第三，负向沟通很容易变成贬损，贬损让孩子有罪恶感，这些罪恶感会让孩子失去成功的力量。比如，和孩子探讨拖延问题时，如果父母总说，"你怎么这么懒""你怎么这么差"，这些贬损就是负向沟通，只会让孩子自卑，没有改变的力量，拖延问题也无法解决。

第四，负向沟通会忽略孩子的困难，会让孩子误以为父母不爱自己，孩子会陷入愤怒，从而放弃自己的目标。和孩子探讨他的人生规划时，如果父母总是以自己的意见为主，孩子会觉得"反正你也不爱我，我也不想要努力了"。

❀ 父母沟通的家庭来源

父母跟我们沟通的模式会变成我们跟孩子沟通的模式。这是父母养育烙印的一部分。

> 有一位妈妈来找我，说自己孩子在幼儿园里经常乱发脾气，打骂别的小朋友。我问她："当你的孩子不听话时，你是怎么跟孩子沟通的？"她说，一开始会跟他好好说，如果还不听，就会骂他，曾经因为太生气了，用牙签扎过他。
>
> 我问她："你小时候你妈妈有没有拿牙签扎过你？"她说："我妈妈没有拿牙签扎过我，但是拿针扎过我"。我告诉她："你妈妈用这样的方式跟你沟通，你也会用这样的方式跟你孩子沟通，你的孩子就会用类似的方式跟其他人沟通。"

过去那些负向沟通经验会变成一个个充满伤痛的记忆，储藏在我们心里，这里面包含了当时的情景、当时的话语、当时的表情、当时的情绪、当时的人物关系。当我们跟别人冲突的时候，这些伤痛的回忆会被唤醒，我们跟别人的沟通会重复以前父母跟我们沟通的方式，如果没有经过觉察，这种沟通的方式会代代相传。

第五节 家庭养育烙印

在从事家庭教育和心理咨询的过程中，我们被一种心理现象所震撼，那就是在家庭教育孩子的过程中，存在一个家庭养育烙印。家庭养育烙印就是家庭中代代相传的养育方式。比如爷爷奶奶用打骂的方式教育自己的孩子，他们的儿女长大之后也会用打骂的方式教育自己的孩子；爷爷奶奶用疏离的方式教育自己的孩子，他们的儿女长大之后也会用疏离的方式教育自己的孩子。我们把这种惯性重复的家庭教育方式叫作家庭养育烙印。

家庭养育烙印在心理学上有很多的描述。比如说，心理认同，孩子会认同自己的家族成员的情绪、价值观、性格，从而导致家庭养育烙印的形成。

再比如说，心理学上的代际创伤概念，家族中的创伤会代代相传，爷爷奶奶辈有被遗弃的经历，在爸爸妈妈这一辈也容易有被遗弃的经历，导致在孩子这一辈也容易有被遗弃的经历。

再比如说，家族剧本的概念，家族治疗心理学发现，不但每个人有个人的人生剧本，整个家族也有自己的剧本，家族剧本一旦形成会有一种强大的力量，影响家族成员的人生。比如家族中有关系背叛的剧本，那家族中的每个成员都可能遭遇到关系背叛的事件。

当然也有正向的家庭养育烙印，很有爱的正向家庭养育烙印会让家族成员得到正向的帮助。

我们用两个例子来说明正向的家庭养育烙印和负向的家庭养育烙印。

✿ 正向的家庭养育烙印

曾国藩是清代政治家、战略家、文学家、书法家。在曾国藩连年征战期间，他写给家里的信大概有1500封。比如，唯天下之至诚能胜天下之至伪，唯天下之至拙能胜天下之至巧。天下古今之庸人，皆以一惰字致败，天下古今之才人，皆以一傲字致败。这些名句都是出自《曾国藩家书》。曾国藩要求家人不能睡懒觉，要勤勉劳作，节俭持家。所以他们家只请少数用人，大部分家务都要自己做，新媳妇进门就要做家务，梳洗都要自己完成。在曾国藩的家庭教育中，特别强调从自己做起，以身作则。在曾国藩以后的八代子孙中，杰出的人才有240多位，并且家里没有一个"败家子"。其实这样的家风始于曾国藩的爷爷曾玉屏，他每天黎明起床，自己种菜、养猪、养鱼，督促孩子读书。他不但有远见，而且善于学习和进步，很早就接受了男女平等、独立自由的观念。曾玉屏以身作则，用身教代替言传。这样的家庭教育一直传递给自己的子孙后代，堪称中国家庭教育的典范。

家庭养育烙印图

负向的家庭养育烙印

世界著名的家庭治疗大师、家族系统排列的创始人海灵格曾经有一个家庭案例。

有名律师来找海灵格，他显得很惊慌，他自己有自杀倾向，并且做过一些家族历史的研究。他的曾祖母认识一名男子，两人很快结婚，但很不幸，其丈夫在27岁那年的12月31日去世，当时有人怀疑其丈夫是被人谋杀的。后来，他的曾祖母没有把前任丈夫的遗产留给她与前任丈夫所生的儿子，反而留给了与第二任丈夫所生的儿子。这是家族里一件不公平的事。

从那时候开始，这个家族陆续有三个人自杀，并且都是在27岁时自杀，自杀的时间都在12月31日。在他成长过程中，很多家族成员，包括他的父母和他自己，一直都有家族男性到了27岁的这天会自杀的恐惧。

当那名律师对这件事的惊慌达到一个高峰的时候，发现自己也有自杀倾向。有一天，他忽然想到表哥27岁了，马上要12月31日了。他赶到表哥家准备提醒他，发现表哥已买好了枪准备自杀。

海灵格叫他面向墙壁，想象他曾祖母的那个前夫，然后说："我尊敬你，你在我心中是有地位的，我会将你所承受的不公平待遇说出来。"当律师说完那句话后，他忽然发觉自己那种惊慌的感觉没有了。这就是一个家庭养育烙印。

这些家庭养育烙印不容易被发现，往往需要很多年，并且家庭成员出现很多问题，才会被清晰看到。往往发现的时候已经造成很多伤害和损失。在家庭教育中，我们需要觉察这些家庭养育烙印，转化负向的家庭养育烙印，让家庭和孩子得到正向提升。

家庭养育烙印如何代代相传

家庭养育烙印主要由三个部分组成：模式、情绪和沟通。模式、情绪和沟通会变成一个烙印代代相传。那模式、情绪和沟通是如何传递给孩子的？

1. 父母的模式会在家里传递

1.1 模式会造成模仿

模式就是僵化的认知、僵化的行为。当父母用僵化的认知、僵化的行为对待孩子时，孩子会模仿父母的行为。父母爱发脾气，孩子也爱发脾气；父母压抑情绪，孩子也压抑情绪；父母暴力，孩子也暴力。

在心理学上有一个叫作认同的概念，当孩子看到父母有某种行为时，孩子会觉得父母这么做一定有道理，所以孩子会去做跟父母一样的行为。如果父母没有那么执着，可以让孩子有自己探索和选择的空间，孩子经过尝试和探索，会保留那些好的行为，摒弃那些不好的行为。如果父母过于执着，孩子就缺少了自我探索和选择的空间，会不加判断地认同父母的行为，从而让自己形成跟父母一样的行为模式。

1.2 僵化模式会变成反向塑造

家庭治疗心理学发现，当父母用僵化模式对待孩子时，孩子会形成一个反向的僵化模式来应对父母，从而变成一个不断重复的负向循环。

当父母挑剔孩子时，孩子可能变得没有自信，当孩子变得没有自信时，父母反而更加挑剔，导致孩子更加没有自信。孩子学习不好，父母指责孩子，孩子对学习丧失了信心，对学习没有信心，学习没有进步，反而退步了，父母指责得更凶，孩子学习更差。

这就导致两个人之间形成了负向行为模式的循环。父母越重复自己僵化的模式，越导致了跟自己的期待相反的结果。

两个人的关系就像一个系统，在系统当中，任何一个人行为的改变都会带动另外一个人的改变。比如夫妻之间是一个系统，一个情绪不能自控的伴侣可能会导致另一方想要出轨，当另一方出轨时，这个有情绪的伴侣会更加指责对方，对方就更加不想维持这段关系，这就变成一个负向加强的循环。反过来讲，当有情绪的一方可以心平气和地沟通两个人的问题，对方就愿意靠近和沟通，两个人的关系就会变得更好，这会变成一个正向强化的循环。

在关系中，一个人对另一个的行为有很大的影响，在父母和孩子的关系中，父母的行为对孩子的行为有决定性的影响。如果父母不做出改变，孩子更难改变。因为很多孩子的行为其实是父母的行为创造出来的。

2. 父母的情绪会在家里传递

负向情绪被接纳就可以转化成正向情绪，负向情绪被排斥会变成持续存在的负向情绪。孩子成长的过程中会有很多负向情绪，如果父母可以做一个容器，容纳孩子的负向情绪，孩子的负向情绪就可以转化成正向情绪。如果父母本身都充满了很多负向情绪，父母不但不能充当孩子负向情绪的容器，反而会让孩子成为自己负向情绪的垃圾桶，这不但会对孩子造成很多伤害，而且会让父母的情绪演变成孩子的情绪。我们从三个方面来说明。

2.1 父母的负向情绪会传染给孩子

身边人的情绪会影响到我们的情绪。有时候我们身边有一个不开心的人，我们也会慢慢变得不开心；我们身边有一个紧张的人，我们也会慢慢变得紧张，好像那个人的情绪会传染给我们。

这种现象在心理学上有一个概念，叫作融合，就是我们的内在世界被别人所代替。比如身边的人都讨厌一个人，你本来没有那么讨厌那个人，但是你无力拒绝，你也就跟他们一起说那个人的坏话。妈妈经常批评爸爸，孩子如果比较靠近妈妈，就会和妈妈一起批判爸爸，这就是一个典型的孩子被妈妈融合的例子。

当父母持续用负向情绪去应对人生，比如持续的恐惧、愤怒、焦虑时，孩子也会用恐惧、愤怒、焦虑的方式去应对人生，孩子会被父母的负向情绪所融合。所以父母恐惧，孩子也恐惧；父母愤怒，孩子也愤怒；父母焦虑，孩子也焦虑。

父母需要疗愈自己的负向情绪，避免让自己的负向情绪变成孩子的负向情绪。

2.2 孩子会承担父母的负向情绪

孩子天生有一种爱，就是想要去拯救和帮助自己的父母。如果父母的人生有很多痛苦，孩子内心会有一个声音：爸爸妈妈，看到你们这么辛苦，我真的很心疼你们，我宁愿受苦的是我，我愿意承担你们的痛苦。

孩子会有一种盲目的想法，就是如果自己承担了父母的痛苦就可以减少父母的痛苦，所以孩子会丢掉自己的开心，把父母的痛苦变成自己的痛苦。如果父母过得很辛苦，孩子就无法快乐生活，不能说自己想说的话，做自己想做的事。

痛苦的父母很难养育出快乐的孩子。如果父母想要让自己的孩子快乐，需要先让自己快乐。一对快乐的父母会让孩子觉得，父母是有力量的，我可以安心接受父母给我的爱，父母把爱传给我，我把爱传给世界。

在家庭教育中，父母需要做有力量的父母，自我负责，为自己创造快乐的人生，这样才能更好地养育孩子。

2.3 孩子通过父母看到世界

孩子是通过父母看待这个世界的，孩子会把小时候父母对待自己的感觉，演变成这个世界对待自己的感觉。

孩子小时候是非常脆弱的，充满了很多负向情绪，这些负向情绪需要有一个释放的出口。如果父母充满了正向情绪，就可以给孩子安定和接纳的力量，孩子会觉得自己的脆弱和恐惧是可以面对的。长大之后，当再次遇到脆弱和恐惧的时候，孩子会觉得可以面对，因为我的爸爸妈妈帮我面对过，这就是我们所说的，幸运的人一生都被童年所治愈。

如果父母充满了负向的情绪，就无法给孩子安定和接纳的力量，甚至父母会排斥孩子的负向情绪，孩子会压抑下去很多无法面对的脆弱和恐惧。长大之后，当再次感到脆弱和恐惧的时候，孩子会觉得，自己小时候都无法面对这些感觉，现在也无法面对，就很容易被这些情绪压倒或者淹没。不幸的人一生都在治愈童年。

父母就是孩子眼里的世界。正向情绪的父母会让孩子活在一个充满爱的世界，负向情绪的父母会让孩子活在一个充满困难的世界。父母一定要清理自己的负向情绪，增加自己的正向情绪，因为你就是孩子心里的光。

3. 父母的沟通方式会在家里传递

3.1 沟通模式通过画面传递

如果曾经被水淹过，看到水会害怕；如果曾经被狗咬，看到狗会害怕；如果我们内在有一个包含着过去的痛苦的画面，我们再次遇到类似的事情的时候，就会感觉到当初的痛苦。这个过去的画面包含了当时的情境，如果这个画面是关于人与人的关系，也包含了当时人与人之间的沟通方式，比如语言、表情、动作等。

心理学研究发现，如果你处理当下的事情没有受到过去的影响，你就总能把事情处理得很好，但是如果当下的事情里面包含了一个过去的痛苦，你就很难处理好。如果你过去跟曾经遇到的每一个领导的关系都很好，你现在跟领导的关系就没有问题；如果你跟之前的领导有很多冲突，过去的领导让你很痛苦，你现在跟领导的关系就会受到过去的影响，你可能就处理不好跟当下领导的关系。

如果你当下面对的事情勾起了小时候包含了痛苦的记忆，当你处在比较有优势的状态时，你会指责、控制，以自己为主，会伤害别人；当你处在比较弱势的状态时，你会委屈、压抑，以别人为主，感觉被伤害。

父母对孩子来讲往往处在优势的状态，这样就很容易把自己小时候的心碎痛苦传给孩子。所以我们会看到爷爷骂爸爸，爸爸会骂儿子，骂的语言可能都非常类似。

父母本来想跟孩子好好沟通，但是因为那件事里面包含了一个过往痛苦的记忆，我们会自动重复那些伤害性的行为，就很难把事情处理好。

3.2 沟通模式通过冲突传递

面对冲突，大家往往不用双赢的方式解决问题，而是用输赢的方式解决问题。父母往往坚持自己的需要，忽略和压抑孩子的需要。孩子想要做自己，父母要求孩子一定要守规矩。这种一个人输、一个人赢的处理冲突的方式往往带给人很多痛苦。

父母在处理这些冲突的时候，所用的语言、表情和动作，也会成为我们人生记忆的一部分。我们长大后跟自己的孩子也会产生冲突，如果我们的父母处理冲突是双赢的方式，我们就会和孩子平等协商，追求双赢。但是如果我们的父母处理冲突是用输赢的方式，我们就会忽略和压抑孩子的需要，用输赢的方式解决问题。在这个冲突的过程中，我们所使用的语言、表情和动作，会和父母对待我们的方式非常类似。

3.3 沟通模式通过严苛的价值观传递

人在小时候的伤痛里会形成一个严苛的价值观，比如小时候你在被打骂的情况下学会了要努力，这会形成一个严苛的价值观，以后你一旦松懈就会勾起小时候的痛苦，你就无法放松，会总是要求自己一定要不停努力。这些严苛价值观会持续对人造成伤害。

父母传递这些严苛的价值观的时候所展现的语言、表情和动作会深深印在我们的脑海里。这些严苛的价值观就像一根皮鞭，不停催促一个人要努力、要付出、要成功，会让人无法放松、无法快乐、无法做自己。

如果我们内在有这些严苛的价值观，也会用这些严苛的价值观要求孩子。因为这些价值观包含了过去被严苛要求的痛苦，我们在传递这些价值观的时候，也会忽略孩子的需要和感受，而是会用父母小时候对待我们的方式对待孩子，一旦孩子不愿意遵守我们的价值观，我们会非常生气，甚至会用打骂的方式要求孩子遵守。就这样，过往的沟通方式通过严苛的价值观传递给了孩子。

家族中正向的家庭养育烙印自然会向下流传，我们更应该看到家族中负向的家庭养育烙印，因为这些烙印会折损家族的爱与成功。养育卓越孩子三步法把对孩子的养育从亲子关系扩展到家族关系，会从更深的层面解决养育孩子过程中出现的问题，清理负向的家庭养育烙印，让孩子和整个家族获得成长。

# 第六节 对孩子的养育，来自自我养育

负向的家庭养育烙印往往包含了很多伤痛，父母用他们的模式、情绪、沟通带给我们伤痛，我们再把这些伤痛通过模式、情绪、沟通传递给孩子。我们需要觉察和疗愈自己小时候的伤痛，这样我们才能脱离负向的家庭养育烙印的影响，给孩子一个更好的养育。

在养育卓越孩子三步法里有一个理念，养育孩子之前，先要做自我养育。每个人都有一个内在小孩，小时候父母对待我们的方式，会变成我们对待自己的内在小孩的方式，也会变成我们对待孩子的方式。

如果我们小时候很受伤，我们对自己的内在小孩也会很严苛，我们的内在小孩就会很受伤。但是我们已经长大了，我们可以脱离小时候伤痛的影响，重建内在的父母，用温柔的方式对待我们的内在小孩，我们就可以用温柔的方式对待外在的小孩。这是一个重新自我养育的过程。

对孩子的养育，其实来自我们的自我养育。

❁ 要收回对孩子的投射

心理学上有一个很重要的心理概念，叫作投射，投射就是把自己内在世界的心理内容投掷和发射到外在的世界。简单来讲，我们会用内在的经验来看待外在的世界。

当你觉得人生很辛苦的时候，你看这个世界就是辛苦的；当你内在轻松的时候，你看这个世界就是轻松的；当你恋爱的时候，你觉得这世界很好；当你失恋的时候，你觉得这个世界很不好。心情不同，看到的世界也不同。

80亿人每天早上醒来，看到了80亿个不同的世界。有的人觉得痛苦，有的人觉得快乐，有的人觉得黑暗，有的人觉得光明，可是这个世界只有一个，所以每个人看到的不是真实的世界，而是自己的投射。人们只是把自己内在的人生经验投影到外在的世界。你觉得好的事情，有人觉得不好，你觉得不好的事情，有人觉得好。你认为这世界好还是不好，跟这个世界无关，都是自己的投射。

每个人人生经历不同，就会看到不同的世界，孩子看到的世界其实和父母是不一样的，但是很多父母都把自己认为的好坏对错变成了一种执着，强加给孩子，一定要孩子压抑自己的真实感受，符合父母的好坏对错标准，这往往会带来伤害。

1. 投射会污染孩子的人生

我们往往会把内在不能面对的能量投射到外在的世界。我们不能面对内在的困难，就会觉得外在的世界很困难；我们不能面对内在的黑暗，就会觉得外在的世界很黑暗。当我们能够面对内在的困难和黑暗，我们就会看到一个轻松光明的世界。

其实孩子小时候看到的世界都是轻松光明的，没有一个小孩一生下来就觉得世界很困难、很黑暗。但是父母的投射会污染孩子的世界，一对很恐惧的父母就会让孩子觉得人生很恐惧，一对很痛苦的父母就会让孩子觉得人生很痛苦。孩子本来挺开心快乐的，父母用自己负向的心理投射污染了孩子的人生。

父母要能够去面对内心的负向经验，避免把这些负向经验变成投射，污染孩子的人生。

2. 投射会伤害孩子

当一个人不能面对内在的某种能量的时候，就会对世界形成一个很执着的看法。比如很难面对小时候贫穷的经验，就会觉得赚钱很难，会要求孩子一定要很努力。不能面对被人欺负的经历，就会很难信任别人，会要求孩子一定要对人保持戒心。父母甚至会把这些好坏对错的执着变成一个真理，要求孩子一定要遵守。孩子会因此不能放松，不能做自己，不能按照自己的步调生活。

父母需要从自己人生的伤痛中走出来，不然会因为自己的投射伤害孩子。事实上，孩子面对的人生跟父母的人生是不一样的，孩子未来拥有的资源也比我们现在拥有的资源多。如果我们无法放下过去的痛苦，让孩子活在一个充满限制的成长环境里，对孩子是一种制约，而不是帮助。

我们内心充满限制，就会让孩子感觉很多限制；我们内在充满匮乏，就会让孩子感受到很多匮乏。我们无法放下的投射，对孩子是一种伤害。父母需要觉察和放下自己的投射。

3. 投射会创造现实

内在有什么，就看到外在有什么。你不但会用投射的方式看待这个世界，还会倾向于把自己的投射创造成现实。一个觉得人生很辛苦的人，就会有一份很辛苦的工作，一个很辛苦的关系，把自己弄得很辛苦。这就是把内在的辛苦投射到外在的世界，创造出了一个辛苦的现实世界。

父母也会把自己的内在投射到孩子身上。如果父母不能面对自己的失败，觉得人生很难成功，在看到孩子学习不好的时候，就会受到投射的影响，觉得孩子也很难成功，这会激发父母的恐惧，于是父母会开始指责孩子。孩子没有得到大人的支持和鼓励，也觉得自己很难成功，最后可能真的很难成功。

父母把内在的失败感投射到孩子身上，就会养育出一个内心充满失败感的孩子。孩子其实是父母内在世界的投射，父母内在失败，孩子就会充满失败感；父母内在恐惧，孩子就会变得充满恐惧；父母内在辛苦，孩子就会变得辛苦。孩子是父母的镜子。

父母什么样，孩子就是什么样。父母如果不能让自己开心，就无法养育出一个开心的孩子；父母如果不能让自己放松，就无法养育出一个放松的孩子。只有父母改变，才能带来孩子的改变。

父母要反省自己人生的经验，从自己负向的人生经验中解脱，不要让自己负向的人生经验影响到孩子。快乐的父母才会养育出快乐的孩子。

❀ 父母需要修补内在自我

有两种父母，一种是内在虚弱的父母，另一种是有内在力量的父母。内在虚弱的父母内在缺少快乐，只有依赖外在的事情才能让自己快乐。比如只有赚更多钱才觉得有安全感，只有得到别人的尊重才觉得自己重要。有内在力量的父母不管发生什么都具备让自己快乐的能力。比如不管别人爱不爱自己，自己可以爱自己；不管别人是否尊重自己，自己都会尊重自己。

内在虚弱的父母会给孩子很多压力，有内在力量的父母会给孩子很多滋养。父母需要修补内在自我，成为有内在力量的父母。

1. 父母的自我缺失会变成对孩子的索取

内在虚弱的一个表现是内在缺失。

一个内在丰盛的人相信自己的需要可以被满足。如果别人能够满足自己的需要，会很开心；如果身边人不能满足自己，可以发挥自己的创造力，找到别的方法满足自己的需要。不管环境发生什么变化，都可以想办法让自己开心。

一个内在缺失的人觉得自己的需要很难被满足，会非常执着地要求身边的人满足自己的需要。这个过程就像一个不能自己走路的人抓住了一个拐杖，溺水的人抓住了一个木头一样，一旦失去拐杖和木头的依靠，就会感觉到很痛苦。

父母对孩子最大的伤害，就是父母有很多的缺失，却把填补自己缺失的期待放在孩子身上。期待孩子一定要乖巧听话，父母才能快乐；期待孩子在班级里得第一名，父母才能感觉到有成就感；期待孩子被人夸奖，父母才能有被认可的感受。这样的期待会给孩子造成很大压力，父母会忽略孩子的需要，只想着控制孩子，让孩子满足大人的需要。这对孩子是很大的伤害。

一个内在丰盛的人内在充满了快乐和成就感，可以付出和分享这些能量给自己的孩子；一个内在缺失的人内在缺乏快乐和成就感，会向孩子索取这些能量。当你不断付出时，孩子会得到滋养，会容易成功；当你不断索取时，孩子会受到伤害，会容易失败。

父母需要疗愈自己的缺失，让自己成为内在丰盛的人。

2. 父母的自我痛苦会发泄给孩子

如果一个人内在充满负向情绪，负向情绪会像一根弹簧，随时准备弹起来。如果内在充满了愤怒，一点小事就能点燃自己的愤怒；如果内在充满了焦虑，很多事都能引发自己的焦虑。

情绪本身并没有好坏对错，情商高的人会把情绪转成对人生有帮助的动力，会把愤怒转化成沟通，把焦虑转化成努力。情商低的人只会把负向情绪发泄给身边的人，给人带来伤害。情商高的人会向内观照，看看自己可以做些什么，让自己和别人的人生更好。情商低的人只会向外指责，希望通过改变别人来减少自己的痛苦。

当我们内在有很多负向情绪的时候，会找一些外在的人和事来发泄我们的负向情绪，而发泄的对象通常就是离我们很近又不会反抗的那些人。这样的对象一般有两个，一个是自己的身体，另一个是自己的孩子。

内在充满了负向情绪的父母，就像一个火药桶一样，孩子的行为很容易点燃父母的火药桶。这时候父母就把自己内在的痛苦发泄到孩子身上，孩子会因此受到惊吓和压抑。有很多负向情绪的父母会让孩子变得很紧张，很小心。

父母需要处理自己的负向情绪，让自己成为内在快乐的父母，才能养育出快乐的孩子。

3. 自我无价值感的父母会夺走孩子的价值感

当父母内在有无价值感时，会觉得自己有很多不够好的地方，会有很多自我攻击、自我批评，比如会觉得自己不够勤奋；觉得自己不够优秀。这些自我攻击会让自己很难受。

当我们觉得自己不如别人时，就要证明自己比别人好；觉得自己不够勤奋时，就是要证明自己很勤奋；觉得自己不够优秀时，就要证明自己很优秀。这样过度证明自己，会让身边的人觉得自己不够优秀和勤奋，这样就把不够好的感觉传递给了身边的人。

很多父母内在有很多无价值感，为了证明自己，总是过度努力，这样反而让孩子觉得自己不够优秀，不够勤奋。就这样父母自己的无价值感变成了孩子的无价值感，孩子也会变得不断证明自己，从而让人生变得很辛苦。

==内在有价值感的人不需要证明自己，会懂得赞赏别人，让身边的人有价值感。内在无价值感的人会不断证明自己，会想要胜过别人，让身边的人也没有价值感。==

自我匮乏的父母会向孩子索取，自我痛苦的父母会把痛苦发泄给孩子，自我无价值感的父母会夺走孩子的价值感。

父母需要修补内在自我，让自己成为一个自我完整的人，才能养育出自我完整的孩子。

❖ 爱自己才能爱孩子

有两种父母，一种是爱自己的父母，另一种是不爱自己的父母。爱自己的父母才能真正爱孩子，对自己温柔的人才能对别人温柔，对自己严苛的人自然会对别人严苛，虐待自己的人会虐待别人。父母在爱孩子之前，先要能够爱自己。

1. 疗愈自己的内在小孩

每个人都曾经是孩子，如果小时候充满了被爱、被理解、被接纳的经验，我们就会有一个奇妙的内在小孩，这个奇妙的内在小孩对人生有很多正向信念，觉得人生一定会成功、一定会快乐、一定会有好的关系，我们遇到任何事情都可以快乐、积极、有创造力地去面对。

如果小时候充满了被忽略、被排斥、被伤害的经验，我们就会有一个受伤的内在小孩，这个受伤的内在小孩对人生有很多负向信念，觉得人生难以成功、难以快乐、人与人之间很难有好的关系，我们遇到人生的挑战就容易受到挫折、失败和放弃。

如果我们有奇妙的内在小孩，遇到困难的时候我们的情绪是流动的，是可以沟通的，是有弹性的。如果我们有受伤的内在小孩，遇到困难的时候我们的情绪是失控的，是伤害性的，是没有弹性的。

我们之所以对孩子的行为生气，是因为孩子的行为勾起了我们受伤的内在小孩。如果我们有小时候因为学习不好、生活习惯不好被父母指责的经验，当我们看到孩子学习不好、生活习惯不够好的时候就会勾起了我们小时候的那些回忆。我们受伤的内在小孩就会被启动，我们就会对孩子升起控制不了的情绪，忍不住要去指责孩子，让孩子受到伤害。

所以，内在有受伤小孩的父母也会伤害自己的孩子。我们需要认识到这一点，疗愈自己的内在小孩。对自己的疗愈就是对孩子的疗愈。

2. 重新养育自己

我们每个人除了有一个内在小孩之外，每个人也有内在父母，内在父母内化了小时候父母对待我们的方式。比如小时候父母对我们严苛，我们也会对自己严苛；小时候父母经常指责我们，我们也会经常指责自己。

小时候父母对待我们的方式变成了我们对待自己的方式，我们对待自己的方式也会变成我们对待自己孩子的方式。我们小时候是怎么被对待的，我们就会怎么样对待自己，我们就会怎么样去对待我们的孩子，这就变成一种循环。

如果我们小时候没有拥有足够好的父母，现在我们长大了，我们可以自己做自己的父母，把小时候父母没有给予我们的重新给予自己。假如我们有严苛、指责的内在父母，现在可以学习把这个严苛、指责的内在父母变成温柔、滋养的内在父母，这是一个重新养育自己的过程。

内在父母主要体现的是社会规矩的部分，内在小孩主要体现的是情绪本能的部分。

假如小时候我们的情绪是被忽略、排斥的，长大之后，我们对自己的情绪也会忽略、排斥，这样只会让我们的情绪压抑再爆发。要么伤害自己，要么伤害别人。现在我们可以用温柔、滋养的方式对待我们的情绪，把我们受伤的内在小孩变成奇妙的内在小孩。让我们的情绪变得更加流动，更加有弹性。

如果我们可以觉察到一点，当我们的内在再有情绪升起的时候，我们可以把严苛、指责的内在父母慢慢变成温柔、滋养的内在父母，愿意靠近自己的情绪，愿意接纳自己的情绪，愿意聆听自己的情绪，愿意了解自己的情绪。用温柔、滋养的方式来对待自己的情绪。

当我们用温柔、滋养的方式对待自己，我们就可以用温柔、滋养的方式对待孩子。当我们看到孩子有情绪的时候，我们就可以把忽略和排斥变成温柔和滋养。

所以对外在小孩的养育来自我们对内在小孩的养育。对自己温柔的父母才能对孩子温柔；滋养自己的父母才能滋养孩子。我们爱孩子的能力，其实来自我们爱自己的能力。

3. 真实做自己

有父母问:"要接纳孩子是不是什么都要顺着他,我就不能表达我的需要了?"不是的。相反,父母要真实表达自己的需要,因为当你委屈自己的时候,你一定会对孩子有不满,你暂时压抑自己,压抑久了一定会爆发,会对孩子造成伤害。要能够为自己的情绪负责,真实地表达自己的需要,而不是委屈自己,让自己变成受害者,委屈久了又变成加害者。

一个没有能力真实表达自己的人会重复受害者和加害者的循环,我们要有能力表达真实的自己,允许自己真实,也允许孩子真实,两个真实的人才能找到建设性解决问题的方法。

很多父母没有能力真实,每次要表达自己真实的感受的时候就有很多恐惧,害怕自己的需要被拒绝,害怕冲突,害怕不被尊重。这些恐惧来自我们小时候的制约,小时候一开始是能够表达自己的需要的,因为一次一次被忽略、一次一次被打压、一次一次被拒绝,就变得害怕表达需要,而是用策略控制别人来满足需要,但是控制会引发孩子的对抗,导致自己和孩子的需要都无法得到满足。

当我们觉察到自己受到小时候的制约和影响时,就需要拿出勇气突破这些制约,在当下真实地表达自己的需要,这样才不会陷入压抑—爆发,委屈自己—指责孩子的循环。

只有对自己真实的父母才能接受孩子的真实,能够真实做自己的父母也会养育出能够真实做自己的孩子。

第二章
养育卓越孩子
三步法具体方法

第一节 负向养育循环

养育卓越孩子三步法：第一步是觉察模式，第二步是面对情绪，第三步是改进沟通。

每种模式底下都有一份负向情绪，对应一种负向沟通。我们要看清楚模式，找到里面的情绪，调整相应的沟通方式，这样才能更好地养育孩子。

经过多年的研究实践，我发现父母面对孩子会有三种核心模式，而这三种核心模式，分别对应三种负向情绪和三种负向沟通。

❁ 三种核心模式

1. 期待　2. 控制　3. 贬损

❁ 三种负向情绪

1. 缺失　2. 心碎　3. 罪恶感

❁ 三种负向沟通

1. 期待式沟通　2. 控制式沟通　3. 贬损式沟通

期待就是希望孩子符合自己的想象。希望孩子一定要学习好，希望孩子一定要守规矩。期待模式底下是缺失感的情绪，比如缺认可才执着地期待得到认可，沟通也会使用期待式沟通。

控制就是在冲突中想要成为赢的那一个。比如压抑孩子的想法，坚持自己的想法，忽略孩子的需要，坚持自己的感受。控制模式底下是心碎的情绪，以前被人控制，有心碎经历，现在就很想控制别人，沟通也会使用控制式沟通。

贬损就是贬低孩子，觉得孩子不够好。比如跟孩子说，"你太懒了"，"你太不懂事了"。贬损模式底下是罪恶感的情绪，内心觉得自己比别人低，才需要证明自己比别人高，才会容易贬损别人，嘲笑别人，沟通也会使用贬损式沟通。

❁ 负向养育循环

这三种模式对孩子影响巨大，并且这三种模式会形成一个期待—控制—贬损的负向养育循环，导致孩子产生负向行为。比如面对孩子写作业，一开始对孩子有很多期待，希望孩子能顺利完成，当孩子遇到困难，就开始控制孩子，让孩子按照父母的方式来进行，因为控制让父母耗费了大量能量，不管控制成功还是不成功，都会让父母进入贬损，带着埋怨去批判孩子。

这种负向养育循环会在几年之内不断重复，也可能在一天之内重复好几次。只要我们面对一件事情没有智慧，我们都会重复这个循环。在伴侣关系、事业工作、日常生活中都是这样。

负向养育循环对孩子有很大的负面影响，孩子的负向行为几乎都是由这个负向循环导致的。当父母重复这个循环，孩子的负向行为就会越来越多。我们要把这个循环转化成正向循环，把期待转化成连接，把控制转化成整合，把贬损转化成一致性表达。正向循环会创造孩子的正向行为。本章主要介绍如何把负向养育循环转成正向养育循环。

我们先来看一下，负向养育的循环为什么会让孩子产生负向行为？

1. 负向养育循环开始于期待

期待就是希望孩子一定要符合自己的想法。执着的期待会忽略孩子的需要和感受，让孩子觉得不被爱。

比如父母期待孩子考90分，孩子考了70分，建设性的做法是父母暂时放下自己的期待，去和孩子连接，进入孩子的世界，看看孩子有什么困难，需要什么帮助，孩子会感受到被爱、被支持，下次就有力量考取更高的分数。但是如果父母执着于自己的期待就会很生气，甚至会责骂孩子，不愿意去了解孩子有什么困难，不愿意帮助孩子，孩子会觉得不被爱、不被支持，也很难在学习上取得进步。

当父母进入负向养育循环，会让孩子表现越来越差，跟父母的期待越来越遥远。

2. 负向养育循环的第二步是控制

期待一旦达不到，父母就会进入第二个主要模式，也就是负向养育循环的第二个步骤——控制。

父母希望是90分，孩子却考了70分，这时候父母就开始控制孩子，一定要考90分，不能考70分，会开始控制孩子玩的时间，控制孩子的休息，控制孩子的学习方法。这些强势的控制让孩子很不舒服，会压抑孩子需要玩、需要休息、需要有自己的学习节奏的正常需要。没有人会喜欢在控制下做事，这会引发很多负向情绪。父母越控制孩子做，孩子就越不想做，随之而来的争吵和孩子感受到的压力会导致孩子学习成绩更不好。

要把控制变成整合，父母对孩子的学习有自己的想法，但是也要去了解孩子的需要、孩子的想法。父母懂得和孩子一起去找整合式的方法，既能让孩子放松、快乐，也能帮助孩子成长，这样才能让孩子愿意把事情做好。

3. 负向养育循环的第三步是贬损

当控制了很久也没有达到父母的目标，父母就会进入第三个模式，也就是负向养育循环的第三个阶段——贬损。

这时候父母就会开始用贬低的方式对待孩子，考70分，你看你怎么这么差，你就是不想好好学，你太笨了，我们为你付出这么多，你对得起我们吗……

这样的贬损会让孩子自卑，甚至产生罪恶感，觉得自己真的很差，很笨，很不好。孩子学习不再基于自发自愿，而是为了证明自己，学习不再是乐趣，变成了一份劳役。孩子可能会放弃学习，也可能变成一个拼命学习却不快乐的人。

这时候父母需要把贬损变成一致性表达。一致性表达就是表达自己真实的想法和情绪。有力量一致表达自己的人不会贬损别人，没力量一致表达的人容易委屈自己、贬损别人。贬损其实是因为父母恐惧和着急，然后在心理假设，孩子不想学习，顽固不化，不想学好。父母要看到自己真实的需求，耐心指出孩子需要改进的地方，细致地提出自己要求，适度表达自己的担心。心平气和地跟孩子说，"我希望你能重视学习"，或者贬损式地说，"你就是不爱学习"。前者会让孩子想要主动改变，后者只会让孩子破罐子破摔。

父母需要把期待—控制—贬损的负向养育循环转化成连接—整合—一致的正向养育循环。

三种核心模式是负向养育循环的三个阶段，你可以在任何一个阶段打破这个负向循环。放下期待就不会想着控制，放下控制就不会进行贬损。这三个模式可以在任何一个环节停止。

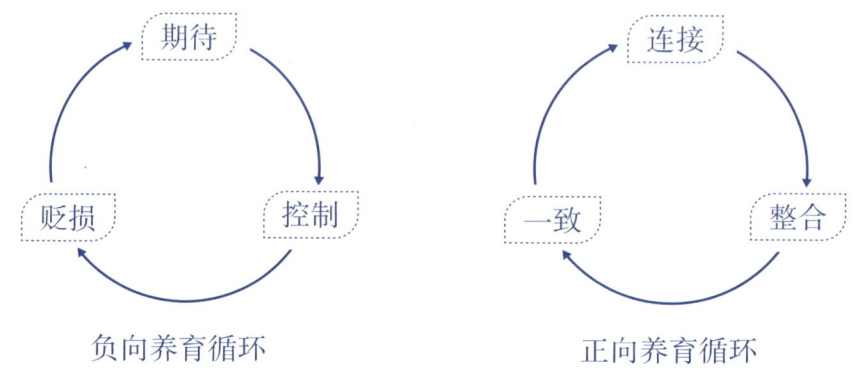

负向养育循环　　　　　　　　正向养育循环

但是要想真正脱离这三种核心模式，我们就需要看到模式后面的情绪，还有相应的沟通方式。所以，负向养育循环由三个链条组成，那就是期待—缺失—期待式沟通、控制—心碎—控制式沟通、贬损—罪恶感—贬损式沟通。

要想突破负向养育循环，我们需要使用养育卓越孩子三步法改变负向养育的三个链条。

❀ 养育卓越孩子三步法的三个链条

1. 觉察期待模式—面对缺失的情绪—改进期待式沟通

2. 觉察控制模式—面对心碎的情绪—改进控制式沟通

3. 觉察贬损模式—面对罪恶感的情绪—改进贬损式沟通

这是养育卓越孩子三步法的进阶应用，也是第二章的主要内容。

第二节 觉察期待模式

期待模式

期待就是希望对方符合自己的想象,当你有一个执着的期待,你脑子里认为小孩应该是正方形的,你就不能接受小孩是三角形;你觉得小孩应该在天上飞,就不能接受小孩在水里游。当父母有执着的期待,会因为只顾自己的期待而忽略小孩的实际困难和需要。

当小孩遇到挫折、失败的时候,孩子需要的是认可和鼓励,但是如果你期待孩子一定要成功,看到小孩受挫、失败,你会很焦虑,你不但不认可和鼓励孩子,反而会指责、挑剔孩子。这会造成对孩子越期待,孩子就越缺失,越难成功的局面。

过度期待往往会造成破坏。过度期待成功就失去了接受挫折的能力,更加难以成功。过度期待和谐,就会掩盖冲突,反而会制造更多冲突。过度期待快点达成目标,就会忽略事情有循序渐进的过程,反而更不容易达成目标。

过度期待孩子学习好,孩子反而学习不好。过度期待孩子成功,孩子反而会失败。过度期待孩子勤奋,孩子反而懒惰。

父母需要觉察自己的过度期待。

🌸 树的隐喻1

我们用一个隐喻来说明期待模式对孩子的影响。比如你养一棵树,当这棵树有点缺失,长得没那么茂盛,你本来应该保持信心,相信树会变好,去看看树为什么会这样,树需要什么,你要做的是帮助这棵树。但是因为你担心树长不好,总想让树快点长、长得茂盛,你会陷入过度焦虑、过度期待。如果这棵树不符合你的期待,你就会抱怨,然后过度施肥,打催熟剂,想让树快点枝繁叶茂,快点开花果实。

这棵树真实的需要被忽略,困难没有被看见和解决,成长的韵律也被打乱了。这棵树怎么会长得茂盛呢?

🌸 执着的期待对孩子有什么样的影响

1. 执着的期待会忽略孩子的需要

> 有一个妈妈说,他的孩子平时学习还可以,可是一到考试就考得不太好,她平常对孩子要求比较严格,要求孩子学习一定要好,如果考不好就会批评孩子,很少鼓励和认可孩子,比如孩子考试考了90分,妈妈会说,为什么不是100分?我问这个妈妈:"你觉得孩子内心有什么样的需要没有得到满足,所以才缺少成功的力量?"她想了想说,没得到认可和鼓励。我又问她:"如果你学习一直都得不到认可和鼓励,学习能变好吗?"她开始反思自己,放下期待,去认可和鼓励孩子。

当父母执着自己的期待,就会忽略孩子的心理需要,孩子的内心需要得不到满足,就会留下心理的缺失。

父母需要放下自己执着的期待,看到孩子的心理需要,才能更好地养育孩子。

2. 执着的期待会造成逆反

当父母有执着的期待，会造成孩子的逆反，孩子一开始会牺牲自己的需要和感受来配合父母的期待，但是总有一天会开始逆反。

> 有一个妈妈要求自己儿子要有出息，所以对孩子有很多约束，尤其是打游戏。只要孩子打游戏，她就很生气，孩子就偷偷打，晚上在被窝里打，甚至逃课打游戏，她就更加严格管教孩子，每次严格管教会好一阵子，但是很快孩子就更逆反。

这就是执着的期待变成了一种强迫，在管教孩子时，压抑了孩子正常的需要。孩子有正常休闲娱乐的需要，一直被压抑只会带来逆反。

她问我怎么办。我说，用协商，不要用强迫。她开始和儿子平等协商，她表达了希望儿子努力学习的愿望，儿子也表达了玩的需要，怎么样可以既满足父母的需要，又满足孩子的需要？当他们学会了协商，孩子逆反的行为少了很多。

期待会变成逼迫，逼迫会造成逆反。放下执着的期待，用平等协商的方式，会有更长期的效果。

3. 对孩子的期待是自己的缺失

父母对孩子执着的期待，来自自己小时候未被满足的期待，也就是小时候的缺失。父母想要从孩子身上弥补自己的缺失，如果小时候不开心，就希望孩子让父母开心，如果小时候没有成就感，就希望孩子让父母感受到成就感。

> 一个妈妈希望女儿学习舞蹈，她的女儿并不开心，学得也不好，她很失望，她和女儿都不快乐。
>
> 我问她，为什么想让孩子学习舞蹈？她说起自己小时候很想学舞蹈，但是父母不允许，这成了她一辈子的遗憾，所以想让自己的女儿学舞蹈。她以为孩子学舞蹈会像她小时候一样开心。她没有意识到学舞蹈是她的需要，不是孩子的需要。

这个妈妈小时候的缺失变成了对孩子的期待，反而剥夺了孩子的快乐。父母需要弥补自己小时候的缺失。

❀ 把期待转化成连接

期待会让父母执着于自己脑海里的想象和画面，只想让孩子符合自己的想象，却不愿意去了解孩子的实际感受和需要。

当父母不愿顾及孩子的处境，让孩子牺牲自己的需要满足父母的期待，孩子就会觉得很受伤。父母需要放下自己的期待，进入孩子的世界，和孩子产生连接，才能帮助孩子健康成长。

我们需要做三件事：给予连接，给予疼惜，鼓励满足。

1. 给予连接

我们要连接孩子的两个方面：连接孩子的需要和连接孩子的脆弱。

1.1 连接孩子的需要

爱是了解别人的需要，伤害是忽略别人的需要。

如果我们长期忽略孩子的需要，孩子内在就会有缺失，孩子会觉得自己的需要很难被满足。孩子会觉得自己过去没有得到爱、认可和支持，未来也很难得到。

孩子内在的缺失会变成外在的缺失，内在的缺失感会伴随很多负向信念，比如我很难成功、快乐、健康。这些负向信念会夺走孩子的力量。如果孩子外在有缺失，一定是内在有缺失，一定是因为父母对孩子的需要缺少连接。

如果想让孩子成功，父母需要把期待转化成连接。当父母给予孩子所需要的爱、认可和支持，孩子就会有很多正向信念，孩子会相信自己能获得成功、快乐、健康。弥补孩子的缺失，把缺失变成富足，当孩子内在富足，才能拥有一个富足的人生。

1.2 连接孩子的脆弱

每个人都会有很多脆弱的感受，孩子更是如此。学习走路、吸收知识、独立自主的过程，对孩子来讲，是体会很多脆弱的过程。

如果父母可以陪伴孩子的脆弱，每个被面对的脆弱都会变成让生命更强大的力量，被陪伴的自卑会变成更强的自信，被接纳的挫败会变成更大的韧性。

但是如果父母不能陪伴孩子的脆弱，每个被排斥的脆弱都会变成让生命更虚弱的负担，没有被陪伴的自卑会变成更强的自卑，没有被接纳的挫败会变成更大的挫败。

一个人的成功其实不是靠自己，是靠一个曾经陪伴过你脆弱的照顾者。这个照顾者用伟大的爱陪伴孩子的脆弱，让孩子变成很有力量的人。很多生命早期有障碍的孩子，比如爱因斯坦、爱迪生，都是因为遇到了接纳他们脆弱的照顾者，从而激发起他们巨大的内在力量。很多父母没有能力陪伴孩子的脆弱，而是在用自己的恐惧排斥孩子的脆弱，让孩子变成一个很虚弱的人。

能够连接孩子的脆弱、陪伴孩子的脆弱，是父母一个很重要的能力。

2. 给予疼惜

当父母不连接孩子的需要，也不接纳孩子的脆弱，孩子就会有很多缺失感。孩子觉得自己没有得到爱、关心、支持，这是一种很痛苦的感觉，会导致孩子的负向行为。

比如孩子没有得到认可，就会觉得自己很难得到认可，从而失去成功的动力。比如孩子没有感受到快乐，就会觉得自己很难得到快乐，从而变得情绪低落。

对于孩子这些负向行为，父母本来应该去连接和弥补孩子的缺失，帮孩子重建内在的成就感和快乐，让孩子找回力量。但是很多父母看到孩子负向的行为，不但没看到孩子内在的缺失，对孩子的要求反而变本加厉。这就变成恶性循环，期待造成缺失，缺失造成负向行为，负向行为引发父母更强烈的期待，从而造成更多的缺失，孩子就有更多负向行为，从而又引发更强烈的期待，造成更多的缺失，孩子就有更多负向行为。

这就是很多父母期待越多、失望越多的原因。

如果父母减少执着的期待，了解孩子负向行为背后的缺失感和痛苦，愿意去弥补孩子的缺失，当孩子的缺失被弥补，孩子内在会重新变得富足，内在的富足会创造外在的成功。

3. 鼓励满足

当孩子内在有缺失感，会觉得自己的需要是很难被满足的，每次当他感受这些需要的时候，会夹杂过去的痛苦。比如曾经没有得到认可，当孩子再次需要被认可的时候，就会感觉到痛苦，这些过往的痛苦会导致孩子的自我拒绝。孩子会觉得，我的需要过去没有被满足，现在也很难被满足，没有人会来满足我，就算我表达自己的需要，也会再次被拒绝，甚至被嘲笑，我就是一个一辈子得不到认可的人。

为了避免像过去一样痛苦，孩子就不再表达自己被认可的需要，会压抑自己的需要，甚至假装自己不需要被认可，孩子会在别人拒绝自己之前，自己先拒绝自己。

这种自我拒绝会让孩子再次陷入缺失感，让孩子很难活出自己。父母需要看到孩子自我拒绝的行为，化解孩子自我拒绝的模式。

化解的方式是给予鼓励。我们可以用语言、示范和经验，告诉孩子他的需要是可以被满足的。

语言方面可以说，"孩子你是可以快乐、放松、有自己空间的"，"你可以让自己快乐、放松、有自己的空间"，"你值得拥有快乐、放松中自己的空间"。

示范往往比语言更有效。父母尽情享受快乐，孩子看到后会觉得，自己也可以享受快乐。父母邀请身边的人一起庆祝成功，接受身边人的认可，孩子也会觉得原来人是可以得到认可的。

给予孩子一个新的经验。比如，孩子在钱方面有缺失，父母可以适当放宽孩子的消费额度；孩子在快乐方面有缺失，父母可以多带孩子游玩、旅行，体验快乐。经验会产生很大的力量。

给予孩子鼓励，可以化解孩子的自我拒绝，消解孩子的负向信念和负向经验，让孩子的内心从缺失走向富足。

❀ 放下期待的法则

放下期待的法则可以协助我们更好地觉察期待模式。

1. 第一条法则是父母给孩子自我探索的空间

有两种父母，一种父母不给孩子空间，只想让孩子遵守大人的规则；另一种父母会给孩子空间，让孩子可以自我探索。第一种父母是用自己的图纸修剪孩子的人生，让孩子变成父母想要的样子；第二种父母给孩子空间，允许孩子做自己，活出孩子自己想要的人生。第一种父母往往对孩子造成伤害，第二种父母往往会让孩子成功、快乐。

我们从三个方面来说明如何给孩子空间。

1.1 给孩子的情绪一个空间

人本主义心理学研究发现，人有自我实现的能力，人会尽可能发挥自己的潜能，让人生尽可能达到一个好的结果。人会从自己的内在找到克服困难的智慧，从匮乏中找到如何丰盛，从失败中找到如何成功。

这种潜能存在于孩子的内在，孩子可以向自己的情绪学习，从恐惧中学习如何勇敢，从悲伤中学习如何快乐，从愤怒中学习如何平和。

如果父母给孩子的情绪一些空间，做孩子负向情绪的容器，孩子会自己学习如何驾驭这些情绪，每经历一次错误、一次笨拙、一次困难，都会学到下次如何更好地应对。孩子需要一个空间，向自己的情绪学习，以便更好地应对自己的情绪。

很多父母因为过于害怕孩子的情绪，排斥、忽略、打压孩子的情绪，导致孩子只想隐藏和压抑自己的情绪，而不是去学习怎样应对自己的情绪，这会让孩子的情绪陷入压抑、爆发、再压抑、再爆发的负向循环，成为一个情绪失调的人。

不愿意面对自己情绪的人，无法学会有智慧地使用自己的情绪。在孩子的情绪非常失控的时候，父母可以给孩子一个界限，但是在孩子的情绪没有过度失控的时候，父母需要给孩子的情绪一个空间，让孩子有机会自我觉察、自我探索情绪，成为一个高情商的孩子。

1.2 给孩子一个犯错的空间

愿意面对错误的人才能找到正确的道路，掩盖自己的错误的人只会重复犯错。人是从错误中学习的，一个不怕犯错的人才能学到更多的智慧，一个不敢犯错的人智慧会比较少。

有智慧的父母需要给孩子的一个犯错的空间，在孩子没有犯原则性错误的情况下鼓励孩子冒险，孩子才会勇于尝试，从错误中学到如何把事情做正确的生命智慧。

很多父母害怕孩子犯错，给孩子定很多规矩，不允许孩子冒险，这就像给孩子加了一个盖子，孩子不敢尝试，甚至会掩盖自己的错误。

一个不怕犯错的孩子，当错误发生的时候，会去面对、观察、检讨自己的错误，因为看清了那个错误，下次才不会犯错。一个掩盖自己错误的孩子，会逃避、忽略、辩解自己的错误，因为没有去分析、面对错误，下次就会重复犯错。

父母越担心孩子犯错，孩子越会犯错，父母给孩子的犯错一个空间，才能让孩子学到如何改正错误，拥有正确做事的智慧。

1.3 给孩子的个性一个空间

没有一个生命是完全一样的，就像没有两棵一模一样的树。

如果父母不接受孩子独特的个性，孩子就要压抑真实的自己，表现出父母喜欢的样子。这样的孩子长大之后会习惯性压抑真实的自己，表现出别人喜欢的样子。不能说自己想说的话，不能表达自己真实的感受，不能做自己想做的事，会经常觉得自己不够好，要不停证明自己，不敢做真实的自己，会让自己很辛苦。

孩子努力符合父母的标准，但是内在却住了一个"觉得自己不够好"的自己。外在可能完美，内在却是破碎的。

一个人最大的快乐是接受自己的不完美。就算别人不认可，但是自己是喜欢自己的；就算外在不一定像别人那样成功，但是内在安稳幸福，内在是自我肯定的。这样孩子才能成为一个有内在力量的人，人生才能快乐。

只在孩子严重犯错的时候才给孩子树立边界，平常尽可能给孩子的个性一个空间，欣赏孩子的与众不同。当父母可以接纳孩子，孩子也会接纳自己，会觉得自己是有价值的。

给孩子空间代表接纳、肯定、欣赏孩子，孩子会成为更好的自己。如果不愿意给孩子空间，只想让孩子符合大人的规则，孩子只会自我否定、不喜欢自己。

给孩子一个空间，让孩子成为更好的自己。

2. 第二条法则是父母需要和孩子共同进化

有两种父母，一种是滋养孩子的父母，另一种是伤害孩子的父母。接纳一个人真实的自我，这个人会觉得被爱。当你跟一个人说，"我爱你的欢喜，也爱你的悲伤，我爱真实的你"，这个人就会觉得被爱。

当父母能够接纳孩子的自我，孩子觉得被爱、被滋养，孩子就会有一个健康的自我，会更容易成功和快乐。当父母不能接纳孩子的自我，孩子觉得被忽略、很受伤，孩子带着一个受伤的自我，会遭遇失败和痛苦。

如何能够养育一个有健康自我的孩子？

2.1 在尊重现实自我的情况下建立理想自我

人本主义心理大师罗杰认为，一个人的自我由现实自我和理想自我两部分组成。现实自我就是真实的自己，包括了真实的感受和需要。理想自我充满了很多规矩道理，会忽略一个人真实的感受和需要。

现实自我包含了各种面向的能量，有时候会坚强，有时候会脆弱；有时候想要努力，有时候想要娱乐；有时候想要照顾别人，有时候想要照顾自己。

如果父母执着于教导孩子规矩道理，忽略孩子真实的感受和需要，过于要求孩子符合理想自我，忽略孩子的现实自我，要求孩子一定要坚强、努力、照顾别人，忽略、打压孩子脆弱、需要娱乐和照顾自己的能量，孩子自我的能量就会失调，因为这些被打压的能量并没有消失，只会变成压抑和委屈。

当要求孩子一定要活出理想自我，压抑现实自我，孩子长大之后，会习惯性保持坚强，压抑自己的脆弱，努力做事，让自己不能放松，努力照顾别人，委屈自己，努力实现自己的理想自我，压抑真实的自己。

当一个人带着委屈压抑去工作和生活，这些被压抑的能量总有一天会因为过度压抑而反扑。要不然会因为过度压抑而生病抑郁，要不然会想要放弃工作和生活。被压抑的能量会变成一个破坏性的能量。不要让孩子用压抑现实自我的方式实现理想自我。当你用这样的方式去追求成功,就像你往前走,一只脚在向前,但是另一只脚却被钉在原地,总有一天你会走不下去。

要让孩子能够平衡现实自我和理想自我,既活出理想自我,又保有现实自我。在教育孩子的时候,要在连接孩子现实自我的情况下,教导他的理想自我,而不要在贬低孩子现实自我的情况下,让孩子一定要达成父母所期待的理想自我。

具体做法就是,你可以交给孩子规矩和道理,但是千万不要忽略孩子的需要和情绪,在教导孩子规矩和道理的同时,要给孩子的需要和情绪一个空间。这样孩子就可以去学习,怎么样既能够满足现实自我,又能够照顾理想自我;怎么样既能够展现坚强,又能够接受脆弱;怎么样既能努力,又能够娱乐;怎么样既能够照顾别人,又能够照顾自己。孩子会有一个平衡的人生。

2.2 从权威式的教养变成平等式的教养

要想滋养孩子的自我,就要放下权威式的教养,学习平等式的教养。

权威式的教养用的是奖罚,不了解对方的想法,要求对方一定要遵从自己的解决方案。平等式的教养用的是协商,愿意了解对方的想法,找出共同认可的解决方案。

权威式的教养是因为父母不知道怎么应对孩子独特的想法、需要和感受,当父母无法面对这些无力感,会采取最简单粗暴的方式来对待孩子,用权威去命令孩子,当孩子听从自己的命令就奖励,不听从自己的命令就惩罚。这样的教养方式虽然免去了父母的无力感,表面看快速见效,却打压了孩子的自我,虽然让孩子学到了规矩,却留下了很多的自我压抑。

当父母控制孩子的时候,孩子也学会了控制父母。

孩子觉得,人与人之间很难沟通和协商,只能用策略掌控别人来满足自己的需要。当自己有优势的时候,就会用权威命令批判的方式直接控制别人;当自己弱势的时候,就用情绪化耍赖、撒娇、表面遵守、暗地违抗的方式来操控别人。但控制和操控往往会对别人造成很多伤害，最后也会反伤自身。

如果想要孩子用沟通和协商的方式解决问题，就需要从权威型的父母变成平等式的父母，用平等沟通而不是用权威奖罚的方式对待孩子。

父母控制孩子，孩子就控制他人；父母平等对待孩子，孩子也会平等对待他人。

2.3 和孩子共同进化

权威式的父母跟孩子说："我说的是对的，按照我说的来"。平等式的父母跟孩子说："我不一定是对的，我们一起来探讨"。

权威式的父母认为自己掌握了人生答案，孩子只需要执行，一旦孩子跟自己想得不一样，就要求孩子调整改变。这样的教育会让孩子有一个受伤的自我。长大之后，孩子要么会用很权威的方式对待别人，让别人很受伤，会引发别人的对抗；要么遇到权威的人就非常害怕，不知怎么应对，会觉得自己很受伤，从而和权威对抗。

如果不想让孩子变成这样，需要在养育中放下先入为主的成见，和孩子共同进化。父母需要接受孩子跟自己不一样，重视孩子不同的意见，和孩子共同探讨，一起找到解决问题的方案。父母和孩子共同进化，孩子长大之后，在和不同的人相处时，会彼此学习，共同进化，整合彼此的差异，达到更大的目标。

父母需要放下先入为主的成见，了解孩子的想法，和孩子共同进化。

缺失的情绪

我们都知道模式底下是一份负向情绪,如果无法面对那份负向情绪,将难以改变僵化模式,那期待的模式底下是一份什么样的情绪呢?

期待的底下是缺失的情绪。

缺失是一种内在缺失某种能量的感觉,比如缺少安全感,缺少自信。父母内在的缺失感会演变成了对孩子的期待。

树的隐喻2

一个人养一棵树,如果过度期待,就会把树弄得很缺失,树就会长得没那么茂盛。

为什么看到树的缺失就容易升起过度执着的期待呢?是因为那个人看到树的缺失勾起了自己的缺失,这个人自己没有体验过成功、没有感受过丰盛,内心觉得自己很难成功、很难丰盛,所以看到树不丰茂,就会过度焦虑,没有心思去了解和帮助这棵树,而是把自己的期待强加给这棵树。结果导致这棵树越来越不丰茂。

父母内在的缺失会变成孩子的缺失。

❀ 父母有缺失感对孩子有什么影响

1. 缺失感让父母无法付出

孩子要想健康成长，身体和心理的需要都要得到一定的满足。父母往往只重视孩子身体的需求，忽略孩子心理的需求，其实孩子心理的需要更加重要，孩子需要爱、认可、安全感这些心理能量。父母关注和满足孩子这些心理需要，孩子才能够健康成长。

当父母自己内在有缺失的时候，就没有办法给孩子需要的心理能量，从而造成孩子的心理缺失。

> 有一个爸爸说他的孩子没有同年龄孩子那么快乐。我问他："你觉得自己快乐吗？"他说，他觉得赚钱很辛苦，需要很努力地工作，自己没有什么快乐，每次家里人提议出去旅游、去公园玩，他都觉得工作已经耗尽了自己的精力，很难抽出时间陪孩子。

我说："你内在不快乐，就没办法给出快乐，孩子在家里感受不到快乐，他就很难快乐了，想让孩子快乐，你必须给出快乐，你要想给出快乐，就要先让自己内在快乐。"

2. 缺失感让父母索取孩子

缺失的父母不但无法给予孩子所需要的心理能量，还会索取孩子的心理能量，从而造成孩子的缺失。

> 有一个妈妈总是停不下来，除了工作上的事，在家里也总是忙个不停，做饭、家务、孩子的事，就算没有事，她都会找出很

> 多事，让自己停不下来。终于有一天，学校老师反映她的孩子在学校总是很紧张，容易焦虑。

我问她，当你很紧张去忙很多事的时候，你觉得孩子和家人会有什么感觉？她说，他们无法放松。我说："是的，本来孩子挺放松的，但是你过度紧张，他们就跟你一起紧张，你夺走了他们的放松，某种程度你在索取他们放松的能量。你可能有一对不放松的父母。"她说，是的。在她小时候，她的妈妈也停不下来，总是很紧张、很忙碌，她从小就很难放松。我帮她疗愈了自己小时候的这些痛苦，她和孩子都放松了很多。

缺失的父母会索取孩子的能量，缺乏放松的父母会把孩子的放松夺走，缺乏快乐的父母会把孩子的快乐夺走，父母需要疗愈自己的缺失。

如果父母想要拥有一个内在丰盛的孩子，父母需要疗愈自己的缺失。

❀ 如何疗愈自己的缺失

如果父母有缺失，就会把自己的缺失变成对孩子的期待，同时也会向孩子索取，从而造成了孩子的缺失。所以父母需要疗愈自己的缺失。

如何疗愈呢？要对自己做三件事：自我连接，自我疼惜，自我满足。

1. 自我连接

一颗种子会尽全力生长，开花结果；一个动物会尽力生存，繁衍生息；一个人会尽力发挥潜能，追求成功和快乐。

这是一种追求圆满的潜能，在这种潜能里，需要会努力追求满足，脆弱会努力变得强大，匮乏会努力变得丰盛。

爱会让这种潜能充分发挥，而伤害会让这种潜能遭到扼杀。

爱其实就是连接。当一个人有一份难过的感受，如果你跟他的感受保持连接，跟他说，"我能够理解你的感受，我愿意陪伴你的感受"，他会觉得被爱，并且更有力量克服这份难过。

当一个人处在痛苦中，你跟他说，"你不要跟我讲你的感受，我不想了解你的感受"，他会觉得很受伤，会没有力量去克服这份痛苦。

同样的道理，我们需要跟自己有连接。当我们能够连接自己内在的脆弱、痛苦、挫败、孤独，这些内在的部分会感受到爱，我们就可以把这些部分都转化成坚强、快乐、成就、亲密。但是如果我们拒绝跟自己连接，这些脆弱、痛苦、挫败、孤独会一直存在。爱就是连接，也是疗愈的开始。

如果我们无法和自己连接，就无法和孩子连接，一个不能接受自己的脆弱的父母，无法接受孩子的脆弱。

只有自我连接的父母才能和孩子连接。父母需要自我连接。

2. 自我疼惜

缺失是因为小时候很多需要没有得到满足，所以会有很多失落和悲伤。

这份缺失感就像一个需要没有得到满足，在哭泣的小孩。他孤零零地站在一个地方说："我没有得到爱，没有人爱我，我这辈子再也得不到爱了，我好难过，我没有力量去过我的人生。"

这个内在小孩因为这些痛苦会对人生失去信心，做事情很容易放弃，有很多受害者情绪，很喜欢依赖别人，也经常责怪别人。因为太需要爱了，他甚至会说谎，会夸大自己，想得到别人的注意。

内在的缺失会导致以上这些负向行为，我们也很难接受自己这些负向行为，会批判这些负向行为，但是如果我们批判自己这些负向行为，负向行为底下的缺失不但不会被疗愈，反而会变得更大。

我们要看到这些负向行为的底层是小时候需要没有得到满足的痛苦，因为没有得到爱才会不自信、放弃、依赖、发脾气、说谎、夸大自己。

如果看到这些行为背后的伤痛，我们不但不应该批判自己，反而应该疼惜自己。

缺失感像一个受伤的内在小孩，自我批判会让内在小孩觉得需要更难以被满足，缺失感因此会加重，从而让我们有更多的负向行为。自我疼惜会让内在小孩觉得需要可以被看到和满足，缺失感会被疗愈，我们的负向行为会减少。

以后每次当我们重复某些负向行为的时候，我们需要靠近自己，理解自己，心疼自己，去问一下自己的内在小孩他的感受和需要是什么。疼惜我们的内在小孩，重新养育这个受伤的内在小孩，才能够弥补内在的缺失，成为更好的父母。

3. 自我满足

当小时候的需要无法被满足，我们会觉得自己的需要是不重要的、是不值得被满足的。

当这些需要再次升起的时候，我们会拒绝自己的需要，会跟自己说："反正我们的需要很难被满足，就不要表达这些需要了，也不要去满足这些需要了。"这种自我拒绝会让我们持续感受到缺失感。

或许小时候养育者曾经让我们觉得受伤害，但持续伤害我们的人其实是我们自己。我们要停止这种自我拒绝带来的自我伤害，要去克服这种自我拒绝。

可以经常鼓励自己，跟自己说："我的需要很重要，我的需要应该被满足，我的需要值得被满足。要看到自己的需要，满足自己的需要。"

也可以去做一些让自己开心快乐、自在放松的事情。因为只有自己能够开心快乐、自在放松，才能让孩子也开心快乐、自在放松。

父母鼓励自己自我满足，才能鼓励孩子自我满足。

✿ 疗愈缺失的冥想

找一个安静的地方坐着，闭上眼睛，回到内在，可以深呼吸三次，然后进入这个冥想。

作为父母，你的内在有些缺失，你觉得自己缺乏快乐、缺乏价值、缺乏放松。这些缺失的感受让你觉得自己很难获得快乐、价值感和放松，一点小小的困难就容易让你感受到不开心、没价值和紧张。

每天看到孩子的时候，你就对孩子有很多的期待。你期待孩子能听话，这样能让你感觉到快乐；你期待孩子表现的优秀，这样能让你感觉到有价值；你期待孩子要守规矩，这样能让你感觉到放松。

每天孩子回家的时候，你的眼神、表情和语言会向孩子表达一种信息，爸爸妈妈缺乏快乐，你一定要听我们的话，让我们快乐。如果你不听我们的话，我们就非常容易不快乐，你一定要照顾我们快乐的需要。孩子本来很快乐地回到家里，但是看到你们这么不快乐，有这么强烈需要快乐的需要，孩子就要减少自己的开心，丢掉自己的快乐，照顾你们的需要。孩子要听你们的话，要时刻关注你们的情绪，要随时满足你们的需要。这样孩子就失去了自己的快乐。

在平常的时候，你们也会用眼神、表情和语言向孩子表达另一种信息，爸爸妈妈很缺乏价值感，你们一定要优秀，让我们感觉有价值，一旦孩子遇到一些挫折，你们就感觉到自己很没价值，就急于要求孩子变得优秀。孩子要照顾你们价值感的需要，为了你们的价值感而活，要不停努力，不能放松，不能做自己喜欢的事，只是为了让你们觉得有价值。孩子觉得自己成了让你们有价值感的工具，觉得失去了自己的价值。

因为你们很难放松，经常处在紧张的状态，你们很需要孩子守规矩来让你们感到放松。你们要求孩子不能吵、不能闹来让你们感觉到放松。孩子变得拘谨、紧张、小心翼翼，因为一旦自己很放松，自由自在释放自己，就会让你们紧张。孩子为了照顾你们放松的需要，慢慢丢掉了自己的放松。

孩子为了照顾你们的快乐，丢掉了自己的快乐；为了照顾你们的价值感，丢掉了自己的价值感；为了照顾你们的放松，丢掉了自己的放松。

这是一种索取的行为。爸爸妈妈缺乏快乐、价值感和放松，就从孩子的身上索取快乐、价值感和放松的能量，最后孩子变得跟父母一样缺乏快乐、价值感和放松。父母的缺失变成了孩子的缺失。

过几年，你会发现孩子变得不是很快乐，没价值感，不容易放松，孩子变得跟你们很像。

你开始深深地思考，原来我是什么样，我的孩子就是什么样；我没有面对我的缺失，却让孩子变得跟我一样的缺失。你开始觉察到，这么多年来你一直在逃避和忽略自己内在那份缺少快乐、缺少价值感、缺少放松的感觉，这些情绪就像你的内在小孩一样，你一直都没有去陪伴他、了解他、关心他，他因此变得更加缺失。

你没有陪伴自己内在小孩的能力，你也失去了陪伴外在小孩的能力。当孩子缺少快乐的时候，你视而不见；当孩子缺少价值感的时候，你缺乏了解；当孩子缺少放松的时候，你没有去关心。

你领悟到，原来没有养育好自己的内在小孩，也就无法养育好外在小孩。

你看着孩子做了一个决定，为了孩子你愿意去面对自己的缺失。

你看着内在那个缺少快乐、价值感、放松的自己，你不但没有爱自己，没有给予自己快乐、价值感和放松，你还排斥、忽略、批判内在那个缺少快乐、价值感、放松的自己。

就像你对待孩子的态度，你不但没有去陪伴那个缺少快乐、价值感和放松的孩子，你还排斥、忽略、批评孩子。

你终于知道，没有好好爱自己也就没有办法好好爱自己的小孩，所以你决定回到自己的内心，好好去爱自己内在那个需要快乐、需要价值感、需要放松的内在小孩。

你想象自己从心里发出一道光,把快乐、价值感和放松带给自己的内在小孩,直到你感受到内在小孩拥有了快乐、价值感和放松,然后让那个内在小孩慢慢长大,跟现在的你合一。再让这道光带着快乐、价值感和放松,传递给你真实世界的小孩,想象你的小孩得到足够的快乐、价值感和放松。然后你感觉到自己疗愈了自己的内在小孩,也疗愈了自己的外在小孩,你感觉到内心非常平和。

带着这些好的感觉,你可以动动自己的手和脚,慢慢睁开眼睛,回到现在。你可以安静一会儿,思考一下你的收获。

❀ 面对情绪的长期策略

在面对情绪的部分,我会给出面对情绪的三个策略,分别是长期策略、中期策略、短期策略。长期策略是长期面对情绪的方向,是需要一直使用的。中级策略是针对一些很难处理的情绪,我们需要明白的法则。短期策略是应急使用的情绪策略,是面对当下充满冲突的情境,如何避免情绪造成破坏的一些应急策略。这三套策略大家可以综合使用。我把这三个策略分别放在面对缺失的情绪、面对心碎的情绪和面对罪恶感的情绪的章节。

是什么形成了模式呢?是情绪。情绪本是人生的常态,人随时都可能经历各种情绪,这时候我们有两个选择,一个选择是面对情绪,另一个选择是逃避情绪。

面对情绪有五个步骤,逃避情绪有五个后果。面对情绪是一个向上的成长循环,逃避情绪是一个向下的防御循环。

面对情绪:觉察—承认—接纳—选择—使用。

逃避情绪:模式—僵化—重复—破坏—痛苦。

面对情绪的向上成长循环:当我们愿意面对情绪,就可以觉察到自己有情绪,并且承认这份情绪,尝试接纳这份情绪,让自己做一个好的选择,进而学习正向地使用这份情绪,让我们的人生变得更好。每一次都这样做，会变得越来越熟练，越来越容易，从而形成一个正向循环。

逃避情绪的向下防御循环：当我们逃避情绪，就陷入了模式，就像我们在河里很惊慌就会抓住一根木头一样，模式导致我们僵化地面对问题，并且不断重复同样的行为来面对同样的事情，从而累积成一个破坏，会回到最初的痛苦。

面对情绪要实现向上成长的循环，需要长期策略的五个步骤。

1. 觉察

觉察就是知道。如果你有情绪，得先知道自己有情绪，如果不知道自己有情绪，对情绪有更深入的了解则无从谈起。我们的僵化认知会让我们刻意否认我们不能接受的事，并且借助另外的事来掩盖这些我们不能接受的事，这让我们变得更加失去觉察。比如执着于坚强，自然就对脆弱失去觉察；执着于正面，就对负面失去觉察。

如果想多一点觉察，要让自己放下一些好坏对错的执着观念，多一点面对真实的勇气。

2. 承认

有时候我们隐隐约约知道一个地方有问题，但是不愿意确认那个问题的重要性，就像我们可能隐隐约约觉察到自己的情绪，但是不愿意承认这份情绪是一份对我们有影响的情绪。所以觉察之后还需要承认。

一般遇到考验的时候才知道问题的重要程度和情绪的大小。比如人与人相处，知道自己对另一个人有情绪，但是有一天发生冲突，自己变得歇斯底里、口出恶言，才知道原来自己对对方有这么大的情绪。

这时候，人们往往会后悔，我早点承认有这么大的情绪就好了。

3. 接纳

接纳是解决问题的开始。这就像河里的船漏水了，觉察是我们看到船有问题，承认是我们确认这个问题很严重，这时候我们有两种态度：第一种是不能接纳，就忙着抱怨、指责、痛苦，但是这只会让船沉得更快；第二种是接纳这个状况，开始投入、研究、解决，这会让你发挥潜能去应对。

对情绪也是一样，当你不接纳那个情绪，你就会抱怨、指责、痛苦；当你开始接纳那个情绪，你会投入、研究、解决，会慢慢找到化解那个情绪的方法。

当你接纳情绪，你会获得新的发现、新的领悟、新的力量。情绪一开始是100分，随着你的接纳和面对，情绪会慢慢变成90分、80分，你的智慧在增长，而情绪对你的困扰在减少，直到你可以超越自己的情绪。

4. 选择

以前当我们面对情绪，觉得自己被困住了，只能压抑，压抑不住就爆发，被迫压抑，被迫爆发，没有别的选择。

当我们觉察、承认、接纳，会发现，我们可以做不同的选择。对于情绪，我们可以表达，可以协商，可以找人倾诉，可以暂时搁置。我们慢慢会发现，我们可以做新的选择。

同时我们要有意识地做选择，当我们发现自己又被情绪驱使去做一些伤害自己或者伤害别人的事的时候，我们要提醒自己做不同的选择。

5. 使用

当我们不断练习前面四个步骤，有一天我们会来到一个阶段，就是可以正向使用我们的负向情绪。我们可以把挫败变成前进的动力，把失落变成对生命的珍惜，把恐惧变成对问题的敏感。

我们可以从正向角度看待负向的事情，把危机变成转机，把坏事变成好事。

我们需要有意识地正向使用我们的负向情绪。

用一个我自己的案例来说明这五个步骤。

> 我父母都是老实善良的农民，从小教导我不要和人起冲突，这让我一直以来害怕冲突。每次看到冲突，我就会无法面对这种害怕冲突的感觉，于是会陷入讨好别人的模式，一旦发现和别人意见不一致、彼此有冲突，我通常会用讨好的方式去应对，尤其是面对稍微强势、外向的人会更加讨好，每每都是如此，这变成了我的一个僵化模式在生命中不断重复。每次讨好别人之后，我心里又会委屈、不舒服，这种不舒服的感觉日益累积，最终变成了向外的强烈指责，很容易和人起冲突。

我讲课已经很多年，记得在刚开始的几年里，有时候看到课堂上有人抱怨，我就会去讨好，我甚至不再关注课堂上其他人，注意力都被那些抱怨的人所吸引，我一边讨好他们，一边又开始指责，讨好和指责都没有弹性，最终反而演变为双方的冲突，甚至有时候我会希望那些人不要再来上课。

后来我觉察到，这是我的模式造成的。我开始觉察那份害怕冲突的感觉，承认自己确实很害怕冲突。其实每次冲突的时候，我都感觉像有一座山压过来，觉察和承认这份情绪都是不容易的过程。

我开始接纳自己的情绪，接纳情绪的过程也是不容易的。一开始对自己的情绪会充满批判。随着不断练习，慢慢可以体验自己的情绪，接纳自己的情绪，甚至到最后可以感谢自己的情绪。

在这个过程中，一会儿愿意觉察，一会儿又不想去觉察；一个阶段愿意承认和接纳，一个阶段又不愿意承认和接纳，在这个反复中不断地成长。

随着对情绪的容纳，我可以更容易做出新的选择，面对冲突可以既不讨好也不指责，可以中正地说出自己的需要和界限。

这个成长的过程并不是一条直线，而是一个螺旋式的成长，开始时可能会矫枉过正，过度敏感地表达自己，有时候也会沮丧、想要放弃。但是我继续坚持，终于有一天，我发现自己有了很大的改变。我现在基本可以不进入讨好模式，也避免了很多冲突。

在这个过程中，我对讨好别人的能量有了更多发现，这是一种愿意去理解别人的能量，这是我的优势。我开始有意识地把这种能力运用在我的助人工作上，更有效率地帮助别人。

我对自己害怕冲突、爱讨好的情绪有了更多觉察。我发现因为害怕冲突，我对冲突的发生很敏感，常常会预判冲突，并且往往预判很准确。以前预判只会让我陷入焦虑和防卫，随着成长，我学会了提前化解和预防冲突，这让我有了很多提升。

不断使用这五个步骤，面对情绪、解脱情绪的速度会不断加快。这五个步骤是面对情绪的长期策略，需要不断练习。

第四节 改进期待式沟通

❀ 期待式沟通

期待是希望孩子符合自己的想象。期待模式下的父母往往会用的语言是，你要怎么样，你应该怎么样，或者你不要怎么样，你不应该怎么样。

这样的沟通方式会忽略孩子真实的需要和感受，孩子的需要和感受不被理解会让孩子有受伤的感觉，孩子短期可能会配合父母的期待，但是长期会产生逆反。这样的沟通方式会重复期待—逼迫—配合—逆反的循环，结果往往适得其反。

当父母陷入期待的模式，被自己的缺失感抓住，就会对孩子使用期待式沟通。

❀ 树的隐喻3

养树的人对树有执着的期待，总害怕树不够茂盛。当看到树没那么茂盛时，不去了解和帮助这棵树，却不断跟树说，要快快长，长得丰茂。然后总抱怨，长得太不茂盛了，让我太失望了。

父母用这样的沟通方式只会让孩子没有力量去成功。

我们使用养育卓越孩子三步法，觉察期待的模式、面对缺失的情绪、放下我们的执着和焦虑，去靠近和了解那棵树，我们可能会说："看到你长得不够丰茂，我很想了解你需要什么，你遇到了什么困难，需要什么帮助？"这样的沟通方法才能给孩子带来力量。

❋ 用连接代替期待

连接是分享自己的内在世界，也想要了解别人的内在世界。期待是一个人想让另一个人符合自己的要求，连接是两个活生生的人的彼此分享。期待是一种带着逼迫的要求，连接是给予对方选择的邀请。期待是让别人照顾自己，连接是想要了解和帮助别人。

如果邀请别人来了解我们的需要，别人往往愿意满足我们的需要；如果强迫别人满足我们的要求，别人会倾向于拒绝。想象一下，如果我们所爱的人需要我们的帮助，我们会愿意吗？我们是愿意的。但是当一个人逼迫我们一定要做些什么，我们会愿意吗？我们是拒绝的。

连接是和自己的脆弱连接，也和别人的脆弱连接，是心与心的连接。一个分享自己脆弱的人，表达所用的语言是温柔的、是真实的、是给予别人空间的、是带着爱的。用这种连接式沟通别人会倾向于配合。

我们要把期待式沟通变成连接式沟通。

❋ 连接式沟通

连接式沟通由三个部分组成：行为、感受、背景。

首先我们要不带评判地描述别人的行为。不带评判是想表达，我们想要提醒对方、想要分享自己、想要和对方一起解决问题。如果对对方的行为加以评判，我们其实是想要指责对方、想宣泄情绪、想要控制对方遵从我们的想法。

不带评断地描述别人的行为之后，我们要表达自己的感受。在表达感受的时候要觉察，我们是在宣泄自己的感受，希望对方为我们的感受负责，还是在分享自己的感受，想要解决问题？这两种态度有很大的区别，同样是一句，可以是指责的、控制的，也可以是分享的、告知的。所以表达感受最重要的是觉察自己想要分享自己，还是想要控制对方。

我们不只要分享感受，还要分享背景。背景就是对方的行为对自己的影响，可能是影响了自己的情绪、自己的环境或者影响了自己的关系，抑或是自己的工作进程，等等。

每个人都是一个独立复杂的个体，每个人的生命背景有很大的差异。面对同一件事，当你觉得应该快一点的时候，别人可能觉得应该慢一点；在同一个时间，当你想要娱乐的时候，别人可能想要休息。我们往往从自己的角度去看待别人，你不应该这么快或者这么慢，你不应该娱乐或者休息，这些认为和别人的实际背景可能大相径庭。

我们往往没有分享自己背景的习惯。你爱我就应该猜到我喜欢什么，你没有顾及我的背景就是不爱我、就是存心伤害我、就是想要针对我。殊不知，当我们这么想的时候，我们也没有顾及别人的背景。

我们也没有了解别人背景的习惯。我爱你，我就用自己的方式来爱你。当对方没有回应的时候，我们就觉得对方不知好歹、不尊重自己、不值得帮助。殊不知，这只是我们的执着，我们对别人的生命背景完全没有好奇心。

所有的伤害其实都是没有分享自己的背景和了解别人的背景造成的。孩子觉得父母忽略自己，其实父母可能只是陷入了自己生活的压力；父母觉得孩子有负向行为，其实孩子只是不知道如何处理负向情绪。我们需要学会分享自己的背景、了解别人的背景，才能化解这些误解带来的伤害。

背景被忽略、被压抑才会产生负向情绪，有情绪才会批判别人。当一个人愿意进入你的内在、了解你的背景，你会觉得被爱、被关心、被尊重，就不会有负向情绪，也不会指责别人，会愿意积极解决问题。

当你的背景被忽略、被压抑，你的感受和经验被否定的时候，你觉得自己被伤害、被忽略、被羞辱，你就会有负向情绪，会批判别人，会不愿意积极解决问题。

被忽略的背景变成了负向情绪，变成了对立，延续了问题。连接式沟通就是了解和表达背景，降低情绪，拉近关系，解决问题。

在沟通中，我们要分享自己的背景，同时去了解孩子的背景。分享自己的背景和了解别人的背景是好的沟通的开始。

1. 连接式沟通有两种用法：协助孩子和表达自己

1.1 协助孩子

当孩子有情绪、批判别人、有负向行为的时候，其实是孩子的感受和背景没有被了解导致的。我们需要和孩子的内在连接，通过孩子的行为去理解孩子的感受和背景。

看到孩子很沮丧，你可以说："你是不是今天在学校不开心？"看到孩子关在屋子里不出来，你可以说："你是不是心情不好，想自己待一会儿？"孩子不想去上学，你可以说："你是不是在学校有什么压力，所以不想去？"

当你可以让孩子敞开心表达自己的烦恼和问题的时候，孩子会自己找到力量去克服自己遇到的问题。这种经历谁都有。如果我们可以找一个有陪伴能力的知心人好好说说心里话，我们会卸下负担，获得新的领悟，有力量勇往直前。

1.2 表达自己

当我们有情绪、批判别人、有负向行为的时候，是我们没有表达感受和背景导致的，我们需要使用连接式沟通来表达自己的行为、感受和背景。

看到孩子作业拖延，你可以这么说："看到你晚上八点作业还没做完，我很焦虑，担心你晚上睡不好影响明天的学习。"看到孩子晚回家，你可以这么说："晚上六点你还没回家，我有些担心，担心你遇到什么危险。"看到孩子很晚不睡觉，你可以这么说："现在是我们约定的休息时间，你不睡觉会影响我休息、影响我明天工作的精力。"

当你很平和地说出孩子的行为对你的影响时，孩子会觉得被尊重，觉得你是在寻求她的帮助，孩子会想要来帮助你。如果孩子能够做到，会心甘情愿做出改变。

我们需要把期待式沟通变成连接式沟通。

2. 一些辅助连接式沟通的语言

2.1 进入孩子内心世界的语言

爱是如其所是，而不是如自己所想。我们要有意愿去了解孩子的需要，经常询问孩子的需要，经常问问孩子，孩子，你需要什么？你对这件事情的感受是什么？在这件事情里，你在意的是什么，什么对你是重要的？妈妈愿意了解你的需要和感受。你愿意了解孩子的需要和感受，孩子会觉得自己被尊重。

2.2 分享自己的语言

我们想和别人沟通往往是因为我们受到很多困扰，这时候我们会有负向情绪。面对情绪的态度决定了我们沟通的效果。如果我们带着觉察把情绪变成一种分享，对方接收到是我们需要协助，他们会很愿意来帮助我们。如果我们把情绪变成一种指责，对方接收到的是我们想要控制别人满足自己的要求，他们会想要远离我们。

所以当我们有情绪和困扰的时候，要懂得去分享我们的情绪，而不是把情绪变成一种指责。我们可以经常说这样的话，"我想和你分享一下我的感受"，"我需要你的协助"，"我有一个困扰想请你帮助"。这些话语会让对方想要来配合你、帮助你。

2.3 回应孩子的需要的语言

一个人的需要被看到，他就会觉得被爱；一个人的需要被忽略，他就会觉得受伤。爱一个人需要去了解他的需要。可是很多父母并不愿意去了解孩子的需要，总是以自己的需要为主，而错过孩子的需要，让孩子觉得很受伤。很多父母打着"为了你好"的旗号，殊不知，这是打着爱的名义，造成伤害的事实。

父母需要觉察这件事到底是为了满足自己的需要，还是为了满足孩子的需要？当孩子遇到困扰的时候，可能只是需要父母的陪伴，很多父母却总爱讲道理；当孩子烦恼的时候，可能只是需要父母的理解，很多父母却总爱唠叨；当孩子遇到挫折的时候，可能孩子只是需要父母的鼓励，父母却总爱挑毛病。

在孩子遇到困难的时候到底需要什么样的协助，不妨去问一下孩子。当孩子沮丧、感觉挫折、有情绪的时候，你可以问孩子，你需要爸爸妈妈做些什么，爸爸妈妈做些什么可以对你有帮助？这样你才能真正了解孩子的需要，用孩子需要的方式对待孩子。

2.4 鼓励孩子尝试的语言

父母要给孩子自我探索的空间，不要急着给孩子讲道理、下结论，甚至定规则。当孩子在你面前表现出无助的时候，多去激发孩子内在的创造力，会让孩子变成一个更加独立的人。当孩子遇到问题，跟你说不知道怎么做的时候，不要急着去教导孩子，急着给答案，而是跟孩子说："你再想想，慢慢想，错了也没关系，爸妈相信你。"

你给出答案，成就感是你的，让孩子自己想出办法，成就感是孩子的。内心强大的父母会愿意让自己显得笨拙一点，把成就感给孩子；内心虚弱的父母才会让自己显得聪明，而剥夺孩子的成就感。

忍住自己忙着下结论的急躁，允许孩子有一个自我成长的过程，是非常重要的。

2.5 自我负责的语言

父母要成为有力量的父母，不要在孩子面前变得虚弱。如果父母变得虚弱，就会变得像孩子，孩子就要去照顾父母，孩子就变成父母的父母，孩子这么做就要丢掉自己的开心快乐，承担父母人生的痛苦。在家庭里，爱需要从上向下流动，父母付出爱，孩子接受爱。如果父母虚弱，孩子就无法感受到从父母那里传递来的爱。父母需要为自己的人生负责，为自己创造一个开心快乐的人生。父母有力量，孩子才能有力量。

父母可以跟孩子说："爸爸妈妈会为自己的人生负责，这是爸爸妈妈的事，我们会处理好自己的事，你不需要为我们担心，不需要为我们承担。"这样孩子会感受到父母的力量。

2.6 保持好奇的语言

父母养育孩子有权威式的教养和平等式的教养。

权威式的教养是居高临下的，是命令式的，是高高在上的父母用权力去控制孩子。父母坚持自己的好坏对错，不想改变自己，只想改变孩子，对孩子充满指责和控制。

平等式的教养是平等对待的，是协商式的，是两个平等的人用沟通去找到双赢的方法。父母会放下自己的好坏对错，愿意去了解孩子的想法和感受，允许孩子的想法来丰富自己的想法，跟孩子互相学习，共同进化。

平等式的教养最需要做的就是对孩子保持好奇心，对孩子的想法、感受充满兴趣，愿意了解孩子的喜好、价值观和生命的经历。

好奇带来对孩子的肯定，带来对孩子更深入的了解，好奇可以提前避免两个人的冲突。父母需要对孩子有好奇心。

父母可以经常说这三个字——为什么。"你为什么喜欢这个东西？""你为什么喜欢那个朋友？""你为什么会买这个东西？"

当你问完为什么，就带着兴趣去听孩子讲话。聆听是最好的肯定，好好聆听孩子，你会有意想不到的收获。

3. 连接式沟通的法则——爱要进入孩子的世界

我们学习一条法则，协助父母改进期待式沟通，这个法则叫作爱要进入孩子的世界。

爱有两种，第一种叫基于执着的爱，第二种叫作基于容纳的爱。

基于执着的爱就是坚持自己好坏对错的标准，忽略别人的感受和需要，要牺牲别人的需要和感受来符合自己的标准。基于容纳的爱就是愿意放下自己的好坏对错去进入到别人的世界，愿意去尊重和了解别人的感受和需要。

基于执着的爱往往带来伤害，基于容纳的爱让对方感觉到被爱。

我们用两个心理学上著名的实验说明一下这两种爱的区别。

第一个实验是来自20世纪20年代美国著名的行为心理学家华生的实验。华生发明了哭泣免疫法。哭泣免疫法，顾名思义就是当孩子哭的时候不要理他，一直这样操作，孩子就慢慢变得不哭了，华生认为这种方法让孩子变得更加勇敢和独立。

当时华生找了一个名字叫小艾伯特的八个月大的小男孩来做实验，用哭泣免疫法的理论来对待小艾伯特，当孩子哭泣的时候完全不理他，当孩子有心理需要的时候完全忽略他。

华生甚至用更残忍的方式对孩子做实验，他让小艾伯特跟小动物玩，当孩子跟小动物建立了亲密关系之后，华生就在孩子后面拼命敲击一个大铁棒，产生巨大的声响，孩子因为很恐惧而离开那些小动物。这样反复操作，直到小艾伯特因为恐惧再也不敢跟小动物接触了。

这个孩子明明是因为受到了很深的伤害才被迫顺从华生的要求，华生却认为他找到了训练孩子变得听话、勇敢、独立的方法。他把这种残酷的教育方法推广到全美国，结果使大量的孩子在长大之后出现了严重的精神障碍和心理问题。

被华生训练的小艾伯特只活到6岁就夭折了。华生的哭泣免疫法忽略小孩真实的感受和需要，残害了美国整整一代的儿童。

这就是基于执着的爱，只坚持自己的好坏对错标准，完全忽略小孩真实的感受和需要，这会给孩子带来伤害性的后果。

接下来我们用第二个著名的实验来说明基于容纳的爱。这个实验是1959年美国著名的心理学家哈洛做的实验，他把一些刚生下来猴子跟母猴断开连接来观察猴子的心理活动。

他做了两个假猴子,一个是用铁丝做成的猴子,上面有奶吃;另一个是绒布做成的猴子,只提供温暖的拥抱,没有奶吃。

一开始他认为这些小猴子的生理需要是第一需要,他们应该只喜欢有奶吃的铁猴子,而不喜欢绒布做成的布猴子,但是结论出乎意料。所有小猴子只有在非常饥饿的时候才会去铁丝猴子那里吃奶,其他绝大部分时间都待在绒布猴子身边,因为绒布猴子可以提供温暖的拥抱。当哈洛用噪声去惊吓那些小猴子的时候,小猴子无一例外全部都跑到绒布猴子那里去寻求安全的守护。

哈洛继续做实验,他让这些小猴子去玩玩具,他惊讶地发现,当铁丝猴子在旁边的时候,这些小猴子不敢去玩玩具,只有当在绒布猴子在旁边守护的时候,这些小猴子才敢去玩玩具。如果绒布猴子不在旁边,这些小猴子不但不敢去玩玩具,还不敢扩大自己的活动范围,不敢去更远的地方,这个实验就是著名的恒河猴实验。

通过这个实验哈洛得出一个非常重要的结论:不管是猴子还是人类,在小的时候都非常需要安全感、需要被守护、需要被陪伴。

哈洛发现,那些没有被满足心理需要的小猴子都出现了严重的问题。这些猴子长大后大多数没有生育,而生育过的猴子则会殴打和虐待自己的孩子,甚至残忍地把孩子杀死。

哈洛的恒河猴实验推翻了华生的哭泣免疫法实验,让全世界对教育孩子有了重大的启发。那就是不能只关注孩子表面的行为,而需要关注孩子心理上的需要,如果小时候心理和情感的需要被忽略,会产生严重的心理问题。

我们在教育孩子过程中,最重要的一个能力就是要放下自己的好坏对错的执着,进入孩子的内在世界,看到孩子心理的需要和感受的能力。

心理学研究发现,一个人小时候的心理需要能够被满足,就会有正向的人生信念。如果小时候被爱、被认可、被支持,长大后面对人生的困难和挑战的时候，会有很大的信心和力量，能发挥自己的创造力，开启快乐的人生。相反，如果小时候没有被爱、被认可、被支持，长大后面对人生的困难和挑战的时候，会有很多的无力感，很容易放弃，人生也很难成功和快乐。

爱要能够进入孩子的世界，父母要学习，拥有进入孩子的世界、了解孩子的需要和感受的能力。

第五节 觉察控制模式

❀ 控制模式

父母第二个僵化模式是控制。控制是当两个人的需要有冲突的时候，坚持自己的需要、忽略别人的需要的行为方式。控制是用输赢的方式解决问题，需要被忽略、感觉到输的人会有心碎的感觉。当对方有心碎，对方就不会来满足你的需要，所以控制也难以真正达成想要的目的。

通过控制模式会养育出一个心碎的小孩，带着心碎长大的孩子也会用控制的方式对待别人，从而造成别人的心碎。

❀ 控制模式会对孩子带来什么影响

1. 控制会引发争吵，争吵带来对立

当需要不同时，你想要控制别人，争吵就开始了，争吵不会带来好的结果。比如你想让别人尊重你，你和别人争吵，对方会很不舒服，更加不会尊重你。不管你想要别人满足你什么需要，越争吵越得不到。控制引发争吵，争吵带来对立。

> 有一个妈妈，每次当孩子出门去和同学玩时，她总是充满担心、焦虑，不停地打电话问孩子在哪里，孩子很不耐烦，两个人吵得很凶，最后孩子会关掉手机，妈妈就陷入了抓狂的状态。我跟她说："你控制太多了，这样很难得到你想要的结果，你可以试着说出你的需要，把选择权留给孩子。比如可以对孩子说，'希望你按照约定时间回来，因为我很担心你，需要你开着手机，让我可以联系到你，我相信你会安排好自己的时间，如果你的时间安排有变化，要记得打电话告诉我。'"

2. 父母不接纳孩子，是父母不接纳自己

当父母不接纳孩子某些行为时，就会想要控制孩子。但父母不接受孩子的地方，往往是父母不接受自己的地方。父母不接受自己情绪化，看到孩子情绪化就想要控制；父母不接受自己懒散，看到孩子懒散就想要控制。

但是父母自己很多年都无法改变，用这样的方式控制孩子，孩子也很难改变。

> 有一个妈妈总嫌弃自己的孩子懒散，觉得孩子不够勤奋，经常因为这个争吵。我问她："小时候父母会嫌你懒吗？"她说父母很勤奋，经常指责她懒，希望她勤奋。我又问她："当父母用控制的方式想要让你勤奋，你的感受是什么？"她说："我很难受，我很想逆反，他们越说我，我越不想改变。最后被逼着勤奋，从此之后变得很辛苦，很难放松。"我说："你对孩子懒散的抗拒是你对自己懒散的抗拒，你不接纳孩子身上的部分是你不接纳自己的部分。你的孩子看到你这么辛苦，他不想过这种不能放松的生活，你越控制他，他就越害怕像你一样，他就会越逆反。"

3. 接纳孩子的缺点，才会让孩子改变

父母会觉得孩子身上有某些缺点必须改变，从而想要控制孩子。但是指责孩子的缺点只会让缺点变得更严重，接纳孩子的缺点才能让孩子改变。

> 有一个妈妈嫌孩子说话很大声，每次指责孩子，孩子说话就更大声。我说："当你指责孩子的时候，孩子会有不舒服的感觉，既然你让她不舒服，你们就陷入了情绪对抗状态，她为了让你不舒服，也会更大声。"

接受孩子的缺点，才能帮助她。

她开始练习接纳孩子，当孩子说话大声，她会去问孩子，为什么要大声，孩子说有时候觉得别人不尊重自己，不重视自己，所以就会大声说话。妈妈开始教孩子怎么沟通自己的感受，怎样自我肯定。

只有接纳孩子，才会愿意了解孩子负向行为背后的原因，才能帮助孩子，指责只会让问题变得更糟糕。

❀ 把控制转化成整合

控制是在和别人的冲突中以自己的需要为第一需要的行为。整合是寻求双方的需要都可以被满足的方法。

用控制对待冲突就会进入输赢的游戏，一个人会赢，一个人会输。但是赢的人也不会赢太久，因为输的人会反击，这样会进入一个输赢的循环。要用整合代替控制。

1. 寻求整合

1.1 整合彼此的需要

控制是想要牺牲对方的需要来满足自己的需要，这会让对方有很多受伤的感觉。当你让别人感觉到心碎，别人会来破坏你的方案和计划。所以越控制，就越失控。

和孩子有冲突的时候，要整合彼此的需要，而不是用我们的需要压抑孩子的需要。

1.2 整合彼此的特质

孩子虽然是父母生的，但孩子跟父母是彼此独立的个体，有不同的性格特质。可能父母积极一点，孩子消极一点；父母外向一点，孩子内向一点；父母勤奋一点，孩子懒散一点。

当我们跟别人有不同特质的时候，理想方式是整合彼此的差异，彼此学习，让对方丰富自己的生命，把彼此的差异变成互补，达到更大的快乐。

但我们往往不喜欢别人和我们有差异，会产生冲突和对抗，会想要改变对方，彼此的差异变成了互相的损耗，这样很难成功和快乐。

2. 给予接纳

如果你之前用控制的方式对待孩子，孩子其实已经有了很多心碎经验，这会让孩子在处理和别人的冲突时，很容易进入一种自我抗争的状态。

因为从你对待孩子的行为中，孩子学到人与人很难平等沟通，谁强就听谁的，一定要想办法成为赢的那一个。当孩子受到这样的影响，和别人有冲突的时候，就会提前进入自我抗争的状态。具体的表现就是，对沟通很不耐烦，很容易有情绪，很坚持自己的想法，很容易吵架，甚至会威胁逼迫，或者去到另外一面，就是不愿意真实地表达自己，会拿策略来敷衍你，比如表面答应，实际不遵守。不管是哪一种方式，都是一种自我抗争。这种自我抗争的状态会让人很不舒服，很容易勾起父母自我抗争的状态，这时候沟通就变成了争吵。

父母要看清楚孩子这种自我抗争的防御机制，帮助孩子化解这个自我抗争的防御机制，否则孩子会陷入抗争和对立的惯性中。

父母要看到，孩子曾经在被控制的情况下生活，内在有很多心碎的经验，他害怕别人会用同样的方式对待他，为了避免再次感受这些痛苦，他提前进入对抗状态。这些自我抗争是孩子避免自己再次受伤的一种方式。

如果父母看到这一点，在沟通的时候，就需要给孩子的自我抗争一些容纳的空间。

3. 传递信念

和心碎的人沟通是很辛苦的，因为他们内在有很多小炸弹，随时可能会爆炸，当那些炸弹引爆的时候，他们好像失去了理性，完全不顾客观事实，不顾及别人的感受，就是要赢。

和心碎的人沟通关键在于减少对方的心碎炸弹。

对方的心碎炸弹什么时候会被引爆？就是他不相信你是基于双赢解决问题的时候。你需要做的是，让对方确信你是基于双赢在沟通。

当对方处在心碎状态，对方会不断试探你的底线，步步紧逼，会不间断扔几个炸弹，如果你可以一直保持中正，让他相信你真的是基于双赢来解决问题，他才会减少炸弹的引爆，愿意跟你一起追求双赢。心碎越大的人，沟通过程越辛苦。

你要一直保持中正和坦诚，最重要的是，在沟通的过程中你的心碎炸弹不能被勾起来。如果你觉得很受伤，觉得自己输了，你想要赢，就变成大家互扔炸弹，沟通过程会变得更糟糕。

另外，直接控制和迂回操控都是心碎的状态。不要强势地控制，也不要企图用策略去操控别人。要保持中正和坦诚，既不退缩也不攻击，直到对方相信你是真的想要双赢，才有可能达成真正的沟通。

在这个过程中，耐心越大，沟通越顺畅，问题解决越快；耐心越小，沟通越难，问题解决越慢。可以从语言和行为上去表达你的意图。

语言上，可以说："我能接受你有一定的情绪，你也是想解决问题，你讲的话里面也有合理的地方，我说的话不是为了指责你，希望我们共同找出解决方案。"

行为上，需要保持耐心，不要有情绪，不要批判孩子，不要防卫，不要想着控制对方，真实表达你的需要、你的感受、你的想法。

✿ 放下控制的法则

这些法则可以协助父母觉察控制的模式。

1. 第一条法则是沟通是双向的，不是单向的

有两种父母，一种是喜欢单向表达的父母，只想让孩子遵从自己的想法；另一种是愿意双向交流的父母，愿意和孩子协商彼此的想法。第一种父母沟通时带着控制的能量，会引发孩子的对抗；第二种父母沟通时带着尊重的能量，孩子会愿意协商。

我们从三个方面来说明这两种父母的沟通方式。

1.1 当父母想控制，孩子也想控制

控制是想让孩子牺牲他的需要，优先满足父母的需要。但是当你忽略孩子的需要，孩子会感觉到不被尊重，并且认为你是难以协商的，这时候孩子会觉得必须采取强硬的措施来确保自己的需要能够被满足，要不然就会陷入痛苦。孩子会变得跟你一样控制，要求自己的需要一定要优先被满足。只是孩子采用的是迂回的控制，就是操控，操控的方式包括哭闹、装弱小、威胁、撒娇、表面遵从、暗地违反等方式。

不管是控制还是操控，都是不想协商彼此的需要，而是忽略对方的需要来满足自己的需要，这些会造成抗争、争吵、对立、互相伤害。所以我们就会看到，当父母一定要控制，孩子就会变得操控，这时，父母只能加

大自己的控制，父母和孩子就陷入控制和操控的循环。我们就会看到，父母用自己强烈的控制养育出了一个很难管教的孩子。控制的结果就是失控。

在控制的环境下长大的孩子以后跟别人处理彼此的冲突，如果处于优势就会控制，如果处于劣势，就会操控。这些沟通的模式往往是从父母那里学来的。

1.2 父母想赢，孩子也想赢

在冲突产生的时候，我们都很容易受到输赢的冲动的影响。我们都想要成为赢的那一个，但是这个想要赢的能量会造成很大的问题。因为当你想要赢的时候，对方就要体验输的感觉。输的感觉实在是太难受了，以致我们会忘记还有双赢这回事，我们就忙于输赢的游戏。

在输赢的游戏中没有赢家，赢的人只会暂时赢一阵子，因为你知道用赢的方式对待别人，对方会很不高兴，一定会找机会来反击你，所以就算你赢了也无法放松，因为你要防备别人的反击。而输的人会陷入痛苦之中，要么想要放弃，要么用耍赖来对抗，要么表面配合，暗地里却搞破坏，他们会把所有的精力用来对抗，他们会寻找机会反击赢的人，让赢的人成为输家。

所以输赢只是一个循环，这一次你赢了，别人输了，但是下一次，你就会输，别人会赢。你赢的时候，别人痛苦，别人赢的时候，你就会痛苦，这就变成一个痛苦的循环。输的人输了，赢的人也没赢，用输赢的方式解决问题，大家都是输家。所以在一件事情里，只要有一个人输了，大家就都输了。

父母也会跟孩子玩这个输赢的游戏，但是当父母想要赢的时候，孩子也会想要赢。在父母和孩子的输赢的游戏中，父母跟孩子都会输。

==当孩子跟父母学到用输赢的方式处理人与人的冲突时，孩子一辈子都会陷入跟别人争输赢的游戏中。==

1.3 父母想证明自己是对的，孩子也想证明自己是对的

父母有很多执着的价值观，有时候会和孩子的价值观产生冲突，如果

父母坚持自己的价值观，孩子会更加坚持自己的价值观，这时候会引发更强烈的冲突。

忽略对方的需要会引发不尊重对方的感觉，想要压制对方的价值观会引发对方强烈的羞辱感。父母有时候会面对和孩子价值观的冲突，父母认为人一定要成功，孩子觉得人生快乐就可以了；父母认为人一定要勤奋，孩子认为人可以放松做事；父母认为一定要照顾别人的感受，孩子认为要先照顾自己的感受，这些都是价值观的冲突。

人会把自己的价值观就当作自己的全部。当父母一定要坚持自己的价值观，批判、打压孩子的价值观的时候，孩子会觉得自己整个人都被否定了，孩子因此会和父母产生很大的冲突，甚至会用不上学、叛逆、颓废，甚至伤害自己的方式来维护自己的价值观。这个过程就像火星撞地球，会引发灾难。

人与人之间价值观的冲突在所难免，如果我们可以尊重对方的价值观，整合彼此的差异，从对方的角度看问题，找到和平共处的方式，我们可以扩展自己的视野，把彼此的差异变成互补，丰富彼此的生命，一起取得更大的成功。

不同价值观的人可以互补，人要既能够成功，也要快乐；既要努力，也要能放松；既要能够照顾别人，也要能够照顾自己。要想互补，就要放下自己的坚持，对别人有所接纳，愿意去了解别人。

父母如果接纳孩子跟自己有不同的价值观，愿意沟通彼此的价值观，父母会跟孩子学到一些自己没有的东西，孩子也会跟父母学习自己没有的东西，不同的价值观会丰富彼此的人生。

2. 第二条法则是父母需要多一点信任，少一点控制

有两种父母，一种是控制型的父母，另一种是信任型的父母。第一种父母有很多恐惧，会过度干涉控制孩子，让孩子有很多压力；第二种父母对孩子有信心，会给予孩子很多的信任和包容，让孩子感到被支持。

2.1 信任会传递信心，控制会传递恐惧

控制是把心灵投到负向的方向，因为担心事情会有不好的结果，才要控制事情的每一个环节，一旦事情有变化，就容易有负向情绪。

当父母用控制的方式对待孩子，孩子会觉得有压力，没有办法按照自己的节奏做事，会很害怕犯错，但是压力过大反而容易犯错。所以父母越控制，可能越容易得到相反的结果。

信任是把心灵投到正向的方向，相信事情会有好的结果，允许事情有一个发展的过程，很有耐心地去面对过程中出现的问题。

当父母用信任的方式对待孩子，孩子会觉得被支持，可以按照自己的节奏做事，发挥自己的创造力，反而容易把事情做好。

控制型的父母带着恐惧，觉得事情会变得不好，所以很容易指责孩子，孩子会觉得父母不相信自己，对自己也会失去信心，让自己的人生无法成功。

信任型的父母带着信心，觉得困难都是暂时的，孩子一定会变好，所以会理解和包容孩子，孩子觉得父母是相信自己的，孩子也会相信自己，这样孩子反而容易成功。

信任会传递信心，控制会传递恐惧。

2.2 信任激发孩子的潜能，控制扼杀孩子的潜能

人有创造力，可以从脆弱中找到坚强、从恐惧中找到勇敢，从而创造出一个好的结果。但是这种潜能只能在爱与接纳中被激发出来。如果父母过于恐惧和焦虑，孩子创造力的潜能就会被扼杀。

控制型的父母不能接受孩子的脆弱、恐惧和困难，一旦孩子面对这些挑战，就充满指责，这样反而让孩子失去了面对这些挑战的能力，以后一旦再次面对这些挑战就容易被压倒。这会让孩子变成温室里的花朵，更加脆弱。

信任型的父母相信孩子有能力去面对脆弱、恐惧和困难，当孩子面对这些挑战时，会耐心地陪伴孩子，孩子会激发自己的潜能去面对这些挑

战，会让自己有能力去面对更多困难。这会让孩子有强大的生命力，变得很强壮。

当孩子遇到挑战的时候，信任型的父母因为相信孩子会变好，所以遇到困难会给予孩子接纳、理解和鼓励。这会让孩子感觉到父母的支持，从而更有力量面对挑战。

但是控制型的父母因为过于担心事情会变得不好，所以一旦遇到困难，就容易批判、挑剔、发脾气。这会让孩子感觉不到支持，从而没有力量去面对挑战。

生命经历过脆弱才能变得坚强，经历过恐惧才能变得勇敢，经历过困难才能获得智慧。树向下扎根才能向上生长。

信任型的父母因为充满信心，会陪伴孩子去面对挑战，帮助孩子向下扎根，孩子会变得健康、强壮。控制型的父母因为充满恐惧，害怕困难，无法陪伴孩子面对挑战，不能帮助孩子向下扎根，从而无法让孩子健康、强壮。

信任型的父母会激发孩子的潜能，控制型的父母会扼杀孩子的潜能。

2.3 信任会让父母和孩子双赢，控制会让父母孩子输赢

控制型的父母因为对孩子的未来充满恐惧，所以跟孩子沟通的时候没有耐心去了解孩子的想法、感受和需要，只想让孩子听从自己的安排，这样的方式很难获得好的结果。当你让孩子一定要按照你的方式去做事，不愿意跟孩子商量，孩子带着情绪执行你的计划，一定会造成冲突和对抗，很难真的把事情做好。用控制型的方式往往适得其反，所以快反而变成了慢。

信任型的父母相信事情会有一个好的结果，总是愿意了解彼此的想法、感受和需要。因为对孩子带着尊重，孩子往往也很愿意理解父母的想法、感受和需要。双方可以整合彼此的差异，找出一个既能满足父母的需要，也能满足孩子的需要的方式。因为这些计划是孩子心甘情愿一起制订的，孩子会很愿意去执行。用信任型的方式往往能够达到目标，所以慢反

而变成了快。

在孩子遇到危险或者行为越过边界的时候，我们需要发挥控制的能量，保护孩子。但是如果在平时父母过于控制，就会导致以上说的这些问题。我们需要对孩子多一点信任。

我们需要把控制转变成信任，需要把对孩子未来的恐惧转变成对孩子的信心，这样我们就可以多一点信任，少一点控制，传递给孩子更多力量。

第六节　面对心碎的情绪

❀ 心碎的情绪

心碎是需求冲突中的落败经验，比如你想玩却必须去学习，你想做自己却必须守规矩。

被迫牺牲自己的需要符合别人的需要是一种输的感觉。你心里会说："凭什么我要压抑自己的想法，满足你的想法；凭什么我要牺牲自己的需要，满足你的需要？"这些感受会让人很痛苦。

当我们带着过去的心碎经验，内在就像有一个小炸弹，外在的冲突很容易再次勾起过往的心碎，我们很容易再次感觉自己输了，这会让人想要成为赢的那一方，从而跟对方陷入对抗。

每个人在成长过程中都曾经有心碎经验。虽然长大了，小时候的心碎还留存在自己的内在。

很多父母在面对和孩子的冲突的时候，自己小时候的心碎会被启动，父母会觉得只能用输赢的方式解决问题，就开始控制孩子，这些控制会让孩子有心碎的感觉。父母的心碎就变成了孩子的心碎。

父母的心碎经验会对孩子有什么影响

1. 心碎会让父母无法平等沟通

当父母和孩子有冲突，如果父母被自己的心碎抓住，就会觉得只能有一个人输、有一个人赢，从而失去平等沟通的耐心，这会让孩子感觉很受伤。

> 一个父亲对孩子要花多少时间去玩、花多少时间学习的意见经常跟孩子的不一致，他觉得孩子一定要听父母的，所以总是用控制的方法让孩子按照自己的来，结果发现孩子表面服从，实际上在对抗，学习也没有真正得到提升。

我说："你被你的心碎抓住了，当一个人被心碎抓住的时候，不相信平等沟通会解决问题，只想用一个方案把对方控制住。你赢了，孩子就输了，但是输的感觉很难受，他就会反抗你。如果不陷入心碎，相信总有双赢的方案，就可以用沟通解决问题。"他问该怎么办？我说："你不要陷入情绪，只说你的想法，允许孩子说出他的想法，把你们充分表达彼此需要的时间拉长，不是孩子一定要服从你，而是找到双方都同意的方案，如果没有找到双方都同意的方案就继续表达和沟通。"

2. 父母的心碎会造成孩子的心碎

当父母被自己的心碎抓住，成为赢的那一个，让孩子体验到输的感觉，就把自己小时候的心碎传给了孩子，父母的心碎就变成了孩子的心碎。

> 有一个爸爸说他的孩子在学校里很霸道，同学都怕他，甚至会跟老师起冲突。我说："如果你的孩子是个霸王，说明他曾经遇到过一个霸王，你觉得他曾经遇到的霸王是谁？"爸爸顾左右

> 而言他，最后终于承认自己就是那个霸王，自己在家就一定要控制孩子，不准孩子反抗。他说那怎么办？我说："你可能需要搞好你和你父亲的关系，你的父亲可能也是个霸王。"他说，他小时候，他的父亲也是一个非常强势的人，让他很痛苦，所以他也用他父亲对待他的方式对待自己的孩子。

父母的心碎如果没有得到疗愈会变成孩子的心碎。

❀ 心碎的自我应对

1. 自我整合

当我们有心碎，心会变得分裂，会有很多内在的冲突。一方面会觉得自己是输的那一个，很难满足自己的需要，觉得自己很不好；另一方面又一定要成为赢的那一个，一定要满足自己的需要，觉得自己比别人好。

内在冲突就像内在有两个对抗的人，这是一种很难受的感觉。如果内在冲突不能整合，我们会选择认同其中一部分，压抑另外一部分。当环境顺利的时候，我们会展现比较控制、有力量的那一面；当环境不顺利的时候，我们会展现比较受伤、没有力量的那一面。

当我们选择控制，掩饰自己的心碎，就像一个战士穿上盔甲、拿着武器准备去战斗，盔甲里面却住着一个很受伤的小孩。如果不能觉察到盔甲里那个小孩的伤痛，在处理和别人的关系的时候，行为就会过度强势。因为怕输，就一定要赢；因为害怕自己不好，就一定要证明自己比别人好。

当我们赢、别人输，我们的心碎就变成了别人的心碎，他们也会穿上盔甲、拿起武器，开始和我们对抗。这样我们的内在冲突就变成了外在冲突，内在分裂就变成了外在分裂。

如果没有心碎，我们的心就不会分裂，我们会相信，虽然彼此需要不同，最终一定会有一个好的结果，每个人的需要都会得到满足。你会觉得人有时候会输，有时候会赢，但是一定有办法让每个人都赢，你不会因为怕输而一定要赢，你会追求双赢。你会觉得每个人都有好的一面，也都有不足的一面，每个人都是有价值的，你不会因为觉得自己不好就一定要证明自己比别人好，你会创造平等和谐的关系。

内在整合会创造出外在整合，内在和谐也会创造出外在和谐。

当我们陷入心碎，再次感觉到受伤害的时候，我们需要去整合这些过去的伤痛。如果内在可以从痛苦到平和，从相信输赢到相信双赢，我们会有更加宽广的胸怀去整合更多外在的冲突。我们会接纳争吵，创造双赢，接纳差异，创造互补，接纳冲突，创造和平。

想要整合外在，我们需要整合内在，外在整合的能力来自内在整合的能力。

2. 自我接纳

当我们被心碎抓住的时候，会有这些负向行为模式，喜欢控制，一定要赢，以自己的需要为主，有占有欲，喜欢威胁，用策略操控别人，充满嫉妒心，会怨恨和报复。

如果我们批判自己这些负向行为，这些负向行为背后的心碎会变大，这些行为也会重复出现。

如果我们可以看到这些行为背后那些曾经心碎的痛苦，我们就可以理解自己的行为，这些行为背后的心碎会变小，这些行为会得到改变。

当我们想要控制、想要赢过别人的时候，不需要对自己过度批判，而是要对自己有所接纳，去觉察自己过往心碎的痛苦，去心疼那个受伤的内在小孩，陪伴他，安抚他，让他再次相信人与人之间可以双赢、和谐。这样我们会逐渐疗愈自己的心碎，创造更好的人生。

3. 自我信任

心碎还是整合，其实就在一念之间。只要我们觉得自己很受伤、会成为输的那个人、一定要进行控制，就进入了心碎状态，内在的小炸弹就会被引爆。

当你控制对方的时候，对方也会很受伤，也会觉得自己输了，对方也会想要控制，对方也会引爆自己的小炸弹。这时候就进入了互扔炸弹的输赢循环。这不是解决问题之道。

当觉察到这个过程，我们要安抚内心的心碎，把自己的信念从负向调整到正向。要跟自己说，人与人是可以双赢的，然后继续保持耐心，中正坦诚，就一定可以找到双赢的方案。

当你保持正向的信念，停止投掷炸弹，对方也会慢慢收起自己的炸弹，也会相信人与人是可以双赢的，对方也会开始有耐心，开始中正坦诚，想要找到双赢的方案。

✿ 疗愈心碎的冥想

找一个安静的地方坐着，闭上眼睛，回到内在，可以深呼吸三次，然后进入这个冥想。

作为父母你曾经有一些心碎。当你和孩子有冲突的时候，你没有耐心跟孩子平等沟通，你每次都让孩子照顾你的感受和需要，忽略孩子的感受和需要。每当你以自己为主，你赢、孩子输，孩子都会有点生气、压抑。一开始孩子还会跟你表达他的感受，但是随着时间的推移，你发现孩子开始跟你对抗，他会当面答应，背后违反，表面顺从，私下抗拒，表面臣服，实际叛逆。

孩子慢慢变得跟你一样，执着于自己感受和需要，忽略你的感受和需要。这样的沟通方式被孩子带到了学校，他在跟老师和同学相处的过程当中，坚持自己感受和需要，忽略老师和同学的感受和需要。孩子变成了一个非常固执、自以为是、非常控制的人，这让你很烦恼，很担心孩子的未来。

有一天你跟朋友谈起这件事，你的朋友跟你说："你有没有发现你的孩子跟你很像，孩子其实是跟你学的。"

你开始想要改变自己，反思自己为什么喜欢控制，你发现自己之所以对孩子说，"一定要有个人做主，一定要有个人输、有个人赢"，是因为你自己小的时候你的父母经常跟你这样说。

当你的父母那样对你，其实你是很难过的。那个难过的自己就像一个气呼呼的小孩，感觉被控制、打压，会跟自己说："假如未来有机会，我一定要坚持自己的感受和需要。"那个内在小孩变成了一个喜欢对抗的人。

随着你长大，你变成了跟你父母一样的人，只要遇到冲突就一定要控制。你的内在小孩带着过去的心碎变成了一个只想以自己为主，只能赢、不能输的人。你的内在小孩的心碎变成了外在小孩的心碎，父母让你很受伤，你又让自己的孩子很受伤。你小时候的难过变成了孩子的难过，你感到非常心痛。

你愿意为了孩子疗愈自己的心碎，你看着内在那个被控制打压的内在小孩，跟他说："我看到了你的难过，看到了你的心碎。很多人都指责你喜欢对抗，但是我看到小时候你有太多被控制、被打压的经验，所以你才那么坚持自己的感受和需要，你只是害怕再次被控制、被打压，才用这样的方式保护自己。我希望可以陪伴你的难过，耐心了解你，直到你相信不会再被控制、被打压。"

过去的已经过去了，我们不用活在这些对抗里，我们可以跟别人平等协商，用双赢的方式解决问题。我们一定可以找到既照顾自己的感受和需要，也能照顾别人的感受和需要的方法。

当你这样说，你看到自己的内在小孩开始慢慢变得平静、放松，慢慢开始愿意跟人沟通和协商。

你整合了自己内在的心碎，当你再次看到自己的孩子的时候，你对孩子的固执和对抗充满了理解和心疼，因为你知道孩子只是因为有太多被控制、被打压的经验，才会变得这么喜欢控制。

孩子只是因为心碎才不再相信人与人之间可以协商沟通，孩子只是想保护自己。拉着孩子的手，跟孩子说："我知道你想让事情变好，我愿意跟你沟通和协商，我不再坚持我的感受和需要，我想了解你的感受和需要。我相信一定可以找到一个双赢的方案。"

一开始孩子不太相信你，然后你维持了一个星期，几个月，一直跟孩子表达这样的想法。过了一段时间，你发现孩子变得很放松，很开心。当孩子跟你有冲突的时候，他会说："我愿意找到大家都赢的方法，我不坚持我的感受和需要，我想了解你的感受和需要。"

你发现孩子在跟老师同学相处的时候，既不委屈自己，也不控制别人，总是和别人很耐心地沟通、协商，追求双赢，创造更好的关系。你发现孩子变成了一个非常有魅力、非常有影响力的人。这让你很欣慰。

带着这些好的感觉，你可以动动自己的手和脚，慢慢睁开眼睛，回到现在。你可以安静一会儿，思考一下你的收获。

❀ 面对情绪的中期策略

面对情绪的中期策略是三种能力：接触力、和谐力、脱敏力。面对情绪的长期策略是五个步骤：觉察、承认、接受、选择、使用。（这部分有一点难度和深度，但是很重要，如果你暂时无法完全理解，可以先跳过这部分，回头再来看。）

1. 接触力

某种程度上说，人生问题的解决就是要恢复情绪的接触力。夫妻的问题可能需要的是好好表达一下内心积压的情绪，敞开彼此心扉，问题才能得到解决。合作伙伴就是要面对彼此真实的感受，不要只是维持表面繁荣，事业才能成功。人就是要全然哭一场，放下伪装的面具，才能恢复身心平衡。恢复跟真实情绪的接触，才能真正获得成长。

很多人已经失去了和自己真实情绪接触的能力，以为忍一忍就过去了，以为表面和谐就是好的，以为压抑自己才能获得成功。但是情绪是一种能量，不会因为我们的逃避而消失，那些压抑的情绪早晚会变成一种破坏力毁掉我们的成功和快乐，所以我们还是要去面对和处理自己的情绪。

为什么我们会失去和真实情绪接触的能力？因为我们的养育者也习惯于不面对情绪。当孩子自由表达情绪时，很多父母往往会用道理打断孩子和情绪的接触，会和孩子说：“要讲规矩，要让别人喜欢你，要照顾别人的感受，不要什么话都说，不要显得那么脆弱。"这导致很多人长大之后，一旦要感受和表达情绪就会升起很多羞耻感，从而再次回到排斥情绪的状态，而被排斥的情绪会对人生产生破坏。可以这么说，要想处理生命的问题就要去接触情绪，要想恢复对情绪的接触就要放下对情绪的羞耻感。

如果上一代人不能表达、不能做自己，这一代人还要怕东怕西，压抑情绪，表面繁荣，逃避冲突，戴上面具，回避真实，那么就会把两代人或者三代人的情绪压抑累积到现在的孩子身上，就会看到越来越多的孩子出现心理问题。

想真正处理情绪的问题，需要放下对情绪的排斥，去靠近情绪，了解情绪，感受情绪，恢复对情绪的接触力。

我们介绍一个情绪的演化模式，帮助大家增加情绪的接触力。

1.1 本真情绪

本真情绪也叫作原发情绪，是人类为了生存产生的适应性情绪，是带给生命帮助和指引的情绪。比如遇到威胁我们会恐惧，这个恐惧是帮助我们看到威胁、指引我们逃离威胁的情绪。比如遭遇挫败我们会悲伤，这是帮助我们放下过去、发挥创造力、克服挫败的情绪。

本真情绪就是我们说的本心。只要见到本心，生命就会发生正向的转化；没有见到本心，生命的转化很难发生。

本真情绪一般有四种：喜、怒、哀、惧，也就是快乐、愤怒、悲伤、恐惧。

当一个人呈现本真情绪的时候，如果我们可以带着接纳跟他说，"我看到你这些情绪"，"我接纳你这些情绪"，"我陪伴你这些情绪"，那个人就能够深入接触自己的本真情绪，把本真情绪转化成对生命的帮助和指引。

很多养育者往往用有羞耻感的方式来对待孩子的本真情绪，跟孩子说不要哭、不许生气、不能恐惧，这样就会扭曲孩子的本真情绪。

1.2 羞耻情绪

当父母用有羞耻感的方式对待我们的本真情绪，我们也会对自己的本真情绪产生羞耻感。羞耻感会让我们扭曲本真情绪。当你有一份悲伤，因为羞耻感的存在，你会觉得悲伤是不好的，你可能会跟自己说，"我没有悲伤"，或者"我没那么悲伤"，或者"我只有一点悲伤"。这样你就开始远离你的本真情绪，把原发情绪变成了非原发情绪，把本真的情绪变成了不那么本真的情绪。

在我们碰触本真情绪的过程中，总是会遇到很多羞耻感，我不应该哭，我不应该表达真实的感受，表达感受很丢脸。其实所有的疗愈都是穿越羞耻感、接触本真情绪的过程。

情绪本身不是问题，对情绪的羞耻感才是问题。那羞耻感是怎么来的呢？羞耻感其实是为了维系关系而形成的。当我们小时候在哭时，父母说不许哭了，我们为了让父母满意，就会觉得哭是不好的，这样就形成了羞耻感。

羞耻感让我们很难感受真正的情绪，从而产生很多情绪失调。心理学有一个说法，以自己的感受来建构人生的人比较健康，以别人的感受建构人生的人不够健康。这就是在说本真情绪和羞耻情绪的问题。

当自己有本真情绪的时候，要跟自己说："我有情绪是正常的，情绪是来帮助和指引我的。"这样你可以减少羞耻感，更深入地接触你的本真情绪。

1.3 受害情绪

本真情绪本来可以帮助孩子成长。就像孩子小时候，一定会有悲伤、恐惧的情绪，如果父母对这些情绪给予涵容，这些情绪就会帮助和指引孩子成长。但是如果孩子的本真情绪遭遇羞耻情绪，比如父母不接纳孩子的悲伤、恐惧，孩子的本真情绪就会变成受害者情绪。

受害者情绪包含了生命中的失落带来的伤痛，但是因为这些伤痛又不被养育者接纳，所以你会觉得伤痛是不好的，这让你更加没有能力面对伤痛，这种难受的感觉会让你倾向于在外面寻找一个加害者来解脱这份难受的感觉。

你会觉得你的状况都是别人造成的，你是个受害者。但是当你把人生的责任推给外面的人和事，反而再次增强了那些伤痛，就会形成一个伤痛—推责—持续伤痛—持续推责的循环，这会让人陷入受害情绪的泥沼。受害者可能会陷入伤痛，非常情绪化，喜欢抱怨，失去行动力，容易放弃。

这时候如果有人带着接纳，跟这个带着受害者情绪的人说，"我能理解，你责怪别人是因为你有很多受伤的感觉，我愿意了解你真正的感觉"，受害者会从抱怨他人的感受中慢慢解脱出来，开始面对自己的伤痛，回到自己的本真情绪，进而得到疗愈。

但很多时候养育者不但不能接受孩子的本真情绪，反而用有羞耻感的方式对待孩子的受害情绪，这会加强孩子的受害者情绪，甚至最后演变成加害行为。

1.4 加害行为

受害者情绪会逐渐产生加害者的行为。养育者用有羞耻感的方式对待孩子的本真情绪和受害情绪，当孩子逐渐长大，看到身边的人有本真情绪和受害情绪的时候，也会用有羞耻感的方式对待身边那个人。这就演变成一种加害行为。别人当初对待我们的方式变成了我们对待别人的方式。别人指责我们，我们也会指责别人；别人控制我们，我们也会控制别人。

加害者比较理性，对人严苛，喜欢控制，不太能感受自己和他人的感受。

面对一个人的加害行为，如果可以用接纳的态度跟他说，"我虽然不能认同你的行为，但是我想了解你的想法、你的人生，你可能有你的背景，甚至是伤痛，我想了解你，跟你共同协商，找出解决问题的办法"，加害者可能慢慢会愿意去感受自己的受害者情绪，甚至回到自己的本真情绪。

我们不一定要认同加害者的行为，甚至有的严重加害者应该得到惩罚，但是最好在惩罚的同时能够带着一份慈悲，这样可以让我们了解加害行为形成的原因，减少加害行为的出现。

如果用更多的有羞耻感的方式对待加害者，加害者的行为会加强，会在受害者和加害者之间不断循环强化，直到给自己和他人造成很大的破坏。

由此可见，人本来是和自己的本真情绪保持接触的，随着羞耻感的介入，我们逐渐远离自己的本真情绪，进入受害者情绪，如果我们继续用有羞耻感的方式对待自己的受害情绪，我们会产生加害行为，继续用有羞耻感的方式对待加害行为，就进入加害者和受害者的循环，直到产生很大的破坏。

比如父母工作很忙，孩子因为没有得到父母陪伴而悲伤，这是本真情绪，如果父母可以接受这份情绪，平和地跟孩子解释自己忙的原因，孩子会知道自己是被爱的，同时发展出理解父母的能力，让自己变得坚强。但是如果父母因为心情烦躁，排斥孩子的本真情绪，孩子就觉得受伤，失落的情绪就会持续，如果父母持续排斥孩子的情绪，孩子就会表现出受害者的状态，吵闹、摔东西、发脾气，等等。如果父母可以看到受害情绪底下的伤痛和最初的本真情绪，父母就可以靠近孩子，抚慰孩子的伤痛，让孩子得到成长。但是父母往往继续批判这份受害情绪，如果这份受害情绪没有得到平复，等孩子慢慢长大，就会发展出加害行为，孩子会变得叛逆、对抗、我行我素。如果父母这时候还是用指责的方式对待孩子的行为，往往会和孩子有更大的冲突，甚至变得疏离、对立。

这是本真情绪因为羞耻情绪的压抑逐渐演化成伤害的过程。要想改变就要放下羞耻感，重新感受本真情绪。如果有一天你能不怕丢脸、好好哭一场，不怕受伤、说出真心话，不怕攻击、真实做自己，有些事情可能才会真正改变。诗人洛夫有一句诗"泪为禅之初"，大概意思就是，只有真心面对才能真实改变。

当自己有加害行为，做错了事，伤害了别人的时候，不要用过度羞耻感惩罚自己，而是跟自己说："这件事你确实做错了，我想你可能有你的理由，我想了解你的想法、你的感受。"这样你可能会回到自己的受害情绪，面对自己的受害情绪，不要用羞耻感贬低自己，而是跟自己说："你这些情绪背后一定有很多受伤的感觉，我愿意了解你真正的感觉。"

然后你可能会回到你的本真情绪，面对自己的本真情绪，不要用羞耻感否定自己，而是可以跟自己说："我愿意陪伴你、接纳你，你可以去感受这些本真情绪。"你的本真情绪会变成对生命的帮助和指引。

当然这是需要练习的，如果你暂时不能理解这些过程，你就跟自己说："我没有什么不好的，在没有伤害别人的前提下，我可以感受和表达自己的情绪，我可以做自己。"

2. 和谐力

我们上面说了，情绪能指引生命变得更好。

情绪也许看起来是负向的，但是背后都有一个正向的需要，比如需要人生更快乐、更健康、更有成就，因为这些需要没有被看到、被满足，所以才产生了负向情绪。如果情绪被接纳，需要也就容易被看到、被满足，情绪就会消散。如果情绪被排斥，需要就会被忽略、被拒绝，情绪会更强烈。

如果一个伴侣过度工作、忽略家庭，另一个伴侣就会生气，生气背后有一个需要是希望家庭更平衡，如果排斥这份情绪、忽略背后的需要，伴侣的情绪只会变得更加有破坏性。再比如，合作伙伴之间如果一方犯了决策错误，合作伙伴就会焦虑，因为合作伙伴希望公司成功，如果排斥这份情绪、忽略背后的需要，合作伙伴的情绪将会变得更大。

情绪就像我们的家人和伙伴，当我们和我们的情绪和谐相处，我们可以发挥更大的潜能，创造更大的成功。但是如果我们和自己的情绪相对抗，外在一点小的困难都可以让我们崩溃。

平复自己情绪的方法就是靠近自己的情绪、聆听自己的情绪，看到情绪背后的需要。

当你看到情绪背后的需要，如果能满足情绪背后的需要很好，但是你不一定能随时随地满足那份需要，这没有关系，这时候你需要和自己友好协商，在自我和谐的状态下，你的内在会激发出创造力，找到更好的方法，让生命变得更好。

具体做法就是把情绪当成内在一部分的自己，接触情绪，找到情绪背后的需要，和内在的自己和谐相处，用协商找出让生命更好的方法。协商的过程要么是输赢，要么是双赢，输赢的结局是全输，双赢的结局是更赢。

我们来看一些例子，比如你想多承担一份工作、多赚一点钱，但是你发现很累，输赢的方法就是你压抑累的感觉去过度工作，这时候你只会越来越累，并且这种累的感觉可能会让你沮丧和抑郁，你不但无法做好这份额外的工作，连原来的工作也做不好，结果是两边都没有做好，钱赚得更少。这是输赢的方式，最后导致全输。

同样一个问题，双赢的方式是你靠近自己累的感觉，和自己沟通，你可能会发现，你虽然有一些多余的精力，但是这些精力不足以承担两份工作，除了需要赚钱，你还需要保持健康，你的情绪在告诉你，如果过度工作身体会承受不了。如果你清楚这些情况，你可能会做一些完全不同的决定，你可能会把这些多余的精力放在原来的工作上，这样既能保持健康，又能赚更多钱，或者你可以维持现在的收入，把额外的精力放在家庭，增加其他方面的成功和快乐。这就是双赢的方式，最后实现更赢。

要懂得和自己的情绪沟通，这样才能减少自己的负向情绪。

3. 脱敏力

脱敏就是脱离敏感。当我们被情绪影响，就处在一个对情绪过度敏感的状态，我们被情绪控制、压倒、淹没。

情绪管理就是一个脱离这种过度敏感的过程。我们可以觉察情绪，跟情绪保持距离，做该做的选择。在生活中，当情绪升起的时候，我们要提醒自己，不要陷入情绪。

正念就是对情绪保持观照，而不陷入其中。正念心理学的不同学派有很多不同的正念方法。

这里介绍一些正念方法，帮助大家发展情绪的脱敏力。

3.1 观察情绪

当我们观察一件事的时候，已经慢慢处在脱敏的状态了。我们可以带着好奇心去观察我们的情绪。

现在把焦点放在你身体最紧绷的部位。仔细观察那份情绪，好像你是一个好奇的科学家，从未碰过这样的情绪。停顿5秒钟。仔细地观察你的情绪。让你的想法来来去去，就像驶过你家门口的车子，注意力继续放在你的情绪上。注意它从哪里开始，在哪里结束。尽可能地去观察自己的情绪。如果要你画出感受的轮廓，它的形状会是怎么样的？它是在你身体的表面、体内或两者都有？它进入你内心多深的部位？如果你陷入情绪中，要把注意力拉回来，并继续观察那份情绪。带着好奇心观察它。在核心和周遭的部位有何不同？它是轻的还是重的？移动的还是静止的？它的温度如何？是否有热点或冰点？注意其中的元素有何不同？注意这里面可能不止有一种感觉，感觉当中还有感觉。注意到其中不同的层次。停顿5秒钟。

3.2 允许情绪

抗拒情绪反而让我们被情绪控制，允许情绪产生会让我们脱离情绪的控制。

看一看你是不是可以让这个情绪只是停留在这儿。你不需要喜欢它或排斥它，只是允许它，就让它在那里，观察它，开放自己，包容这个情绪，允许它以原有的样子存在。停顿10秒钟。你可能有一个很强的冲动想要对抗它或推开它。如果是这样，承认冲动，但不要受冲动的影响，继续观察这个情绪。停顿5秒钟。不要试着消除它或改变它。如果它自己改变了，那也没有关系。如果它没有改变，也没有关系。改变或消除它不是我们的目标。你的目的只是允许它，让它在那里。停顿5秒钟。

3.3 把情绪形象化

把情绪想象成一个物体会让我们有掌控感。我们可以想象，可以夸大、缩小、移动、溶解这些物体，当这些物体发生改变，我们的情绪也会发生改变。

想象这份情绪是一个物体，它是什么形状呢？它是液体、固体还是气体？它是正在移动还是静止的？它是什么颜色？透明的还是不透明的？如果你能触碰到它的表面，感觉它像什么？它是湿的还是干的？粗糙的还是平滑的？热的还是冷的？软的还是硬的？停顿10秒钟。带着好奇心观察这个物体，开放自己包容它。你不需要喜欢它或排斥它，只要允许它，然后注意你的意识范围比这个物体更大，即使感受再强，也不会淹没我们，我们还是可以留给它很多空间。停顿10秒钟。

3.4 自我照顾

自我照顾就是自我宽容，自我关怀。可以想象有一个人来爱自己，也可以去想象，自己爱自己。

一只手放在身体的某个部位，想象这是一只有治愈能力的手，是一位爱你的朋友、父母或医护人员的手，感觉这个暖流从你的手流进你的身体，不要排斥你的情绪，要留些空间给它，让它软化、放松。停顿10秒钟。想象你的情绪是正在哭泣的婴儿，停顿10秒钟，想象用那只有治愈能力的手握住婴儿的手，去爱他、安慰他，再一次开放自己包容这些感受。停顿10秒钟。

第七节 改进控制式沟通

❀ 控制式沟通

控制是要求对方牺牲自己的需要,一定要满足自己的需要。

你不能那样、只能这样,你不许那样、只许这样,你的不重要、我的才重要,不要听你的、要听我的,这些是典型的控制式沟通。

控制是基于输赢,想要牺牲对方来满足自己。但是这种一定要赢的能量会引发对方的反抗,从而造成冲突对抗,最后造成通过控制想赢—别人输—对抗—双输的循环。结果可能适得其反。

❀ 把控制转化成整合

控制是用自己的需要压制别人的需要,整合是允许彼此有不同的需要;控制是希望对方接受自己的方案,整合是找到双方都认可的方案;控制会破坏关系,整合可以促进关系;控制是想自己一个人赢,整合是想要双赢。

只要你想追求双赢,一般都会找到双方都可以接受的结果。试想一下,你和别人有冲突,别人想要解决问题,想要找到双方的需要都能被满足的方案,想要跟你一起获得更大的成长,你会怎么样?你会愿意接受。

如果对方只想自己赢，只想算计你，只想让你有损失，要求你一定要牺牲自己的需要去满足他的需要，他会赢，你会输，你会有什么感觉？你不会愿意接受对方的方案，你会对抗，不想跟对方沟通、协商。

所以要把控制转化成整合。

整合式沟通是有空间的，是照顾彼此的，是清晰明白的，是不卑不亢的。当你这样做，对方会非常愿意跟你整合，一起找解决方案。

整合式沟通是行为+需要+请求，先不带评断地描述对方的行为，然后说出自己的需要和请求。

一个人真正的需要是趋向正向的，是为了让生命更好，比如需要爱、尊重、健康、好的关系。只有失调的需要才是趋向负向的，比如需要惩罚别人，需要宣泄情绪，甚至伤害别人。当一个人真正的需要难以被满足的时候，就会产生失调的需要，比如需要爱却得不到，可能就想控制别人，需要认可却得不到，可能就会指责别人。

当我们恐惧的时候，要真实表达自己的需要，不要因为恐惧让需要陷入失调。表达真正的需要往往带来一种脆弱的感觉，比如需要别人的爱，需要别人的关心，所以人们往往掩盖自己的需要，用指责、控制的方式对待别人，这样看起来自己比较有力量。

勇于表达脆弱会带来爱与被爱，掩盖自己的脆弱只会带来互相伤害。我们需要真实表达自己的需要。

沟通的过程其实是把失调的需要变成真正的需要的过程。

请求是期待对方采取的具体行动。当一个人有觉察的时候，请求会是一种邀请，会分享自己、请求协助、把选择权留给对方。但是当一个人失去觉察的时候，请求会变成一种命令，会控制对方、指挥对方、逼迫对方。

当一个人的需要陷入失调的时候，往往会把需要表达成胁迫式的命令，你一定要、你必须，这会激发对方的不安全感，对方的需要也会陷入失调，对方也会开始胁迫，因为双方的方案都是很具体的，两个不可妥协的方案就会产生很大的冲突。

方案是彼此对立的，需要是彼此相连的，方案就像水面上的岛屿，各不相连，你要快一点，他要慢一点，看起来无法妥协。需要就像水面下面的部分，每个都需要爱、都需要成功、都需要好的关系，在需要层面大家的方向是一致的。

执着于方案是没有弹性的，回到需要才是有弹性的。当发生很大冲突的时候，要先离开具体的方案，看到真正的需要，才有助于解决冲突。

如果双方的方案很对立，要表达自己真正的需要，了解别人真正的需要，在充分表达彼此需要的情况下寻求解决方案。

当你看到别人执着于自己的方案的时候，去问他，他的需要是什么，或者你可以说，如果这些方案达成，他能得到什么？你也需要问自己，真正需要的是什么，通过这些方案能得到什么？

当你找到彼此真正的需要的时候，就可以发挥创意，找出既能满足你的需要、也能满足孩子需要的方法。通常会说："你觉得还有什么方法可以满足这个需要？"通过彼此磋商，找出解决方案。但是记得，一旦找不到方案，就要再次回到彼此的需要。

我们在表达自己时，可以说："我希望我们关系融洽（提出需求），我们可以花半个小时沟通一下吗（提出请求）？""我想好好休息（提出需求），你可以把手机声音调小一点吗（提出请求）？""我希望你安排好学习（提出需求），你可以合理安排玩和学习的时间吗（提出请求）？"

❀ 一些辅助整合式沟通的语言

1. 放下执着的语言

父母会用自己人生的经验判定孩子的人生。父母觉得人生辛苦，就觉得孩子的人生也会辛苦。这样就限制了孩子的人生，甚至会伤害孩子。父母要开始觉察，自己的人生不等于孩子的人生，自己人生的经验不等于孩子人生的经验。

用自己人生的经验只能养育出跟自己差不多的孩子。要允许孩子跟自己有不同的人生经验，相信孩子会有一个不一样的人生。

父母可以经常这么说："我不一定是对的，这只是我的看法，我想了解你的想法。"让孩子尊重自己的想法，成为一个更自信的人。

2. 邀请孩子回应的语言

人很难检讨和改变自己的模式，我们之所以坚持自己的模式，就是因为我们认为自己是对的。我们认为我们发脾气是有道理的，才会发脾气。我们认为自己是对的，所以遇到问题的时候，只看到别人的错误，只想改变别人，很难检讨自己的错误，很少想改变自己。这就是为什么模式会伤害身边的人。

当一个人坚持自己的好坏对错，他说话的方式往往是权威式的，他说的话往往包含着你应该、你一定要、你要怎么样、你不可以怎么样。这样的说话方式充满了逼迫、命令、控制的能量，会给对方很大的压力，让对方觉得别无选择、觉得不被尊重，会引发对抗的能量。

我们需要把权威式沟通变成邀请式沟通，在语言中加入邀请式的语言，比如你可不可以、你能不能、你愿不愿意。这样说话的方式会把选择权留给对方，给对方留下空间，对方会觉得被尊重，反而愿意配合。

用权威式的沟通方式你会说，"你把东西给我拿过来"，"你一定要早点回家"，"你必须听我的建议"。用邀请式的沟通方式你会说，"你可不可以把那个东西给我"？"你可不可以今天早点回家？""你愿不愿意听听我的方法？"如果别人跟你沟通，这两种沟通方式你更愿意接受哪一种呢？

3. 创造讨论的语言

当我们有僵化的价值观的时候，一定要小心，因为这个僵化的价值观往往会对孩子造成伤害。因为孩子可能和父母有不一样的价值观，当孩子一定要委屈自己，去附和父母的时候，孩子会有受伤的感觉。

我们需要用沟通和协商的方式解决问题。可以经常说："这只是我的想法，我也想听听你的想法，我们来讨论一下。"要追求双方的共识，而不是单方面提出要求。

4. 示范责任的语言

能够自我负责的人是身边人的典范。当你和一个人在一起，他经常说，"这件事我应该负一部分的责任"，你就会觉得如释重负，受到他的影响，你也很想负起自己的那一部分责任。

如果你遇到一个不愿意负责的人，遇到任何事情都说，"这不是我的责任，我没有需要改变的地方，都是你们的错"，你会觉得压力巨大，会抱怨，也会很不愿意负起自己的那一份责任。

愿意负责任的人会有这样的心态，公司的问题我需要负责任，伴侣的问题我需要负责任，孩子的问题我需要负责任。

遇到孩子的问题，你可以向孩子提出你的要求、表达你的需要，同时说一句，"在这件事上我有一定的责任，我的责任是……"

当父母愿意承担自己的责任，孩子也会愿意承担他的责任。

5. 正向表达的语言

禁忌就是违反。你跟孩子说"不要打游戏"，这个命令因为忽略了孩子的感受和需要，会引发孩子的反抗。所以会变成，你越不让他打游戏，他越想打游戏。要经常跟孩子说你想要他做的，而不是你不想让他做的。

把"不要晚睡觉"变成"我希望你准时睡觉"，把"不要打游戏"变成"我希望你能够安排好自己的时间"，把"不要情绪化"变成"我希望你好好沟通"，把所有的"不要"变成"想要"。

说话的时候多用期待、希望、请求、需要、邀请这类词语，多说具体正向的结果，孩子会更愿意配合。

6. 先跟随再带领的语言

现代心理学研究发现，一个人之所以能够发挥自己的潜能，是因为有高自我价值感。高自我价值感是一种自我肯定、自我接纳的能力。

自我价值感高的人相信自己可以快乐，可以成功，可以应对困难，可以达到人生的目标。自我价值感低的人觉得自己人生很难快乐，很难成功，很容易被困难压倒。

培养高自我价值感的孩子最重要的是尊重孩子的自我。自我是孩子独特而真实的感受和经验，要在尊重孩子的感受和经验的情况下，教导孩子道理和规矩，要不然孩子会形成对自我的否定、会觉得自己不够好。

遵从外在的道理和规矩很重要，但是肯定内在的感觉和经验也很重要，所以父母要让孩子的外在和内在取得平衡。父母可以使用先跟随再带领的语言，这样可以促进孩子外在和内在的平衡。

具体做法是，先跟随自我的感受和经验，再强调道理和规矩。比如我理解你有情绪，同时你还是需要把这件事完成。前面一句是连接、同理孩子的内在的感受和经验，后面一句是提出你的想法和要求，要求孩子要遵守外在的道理和规矩。这样会避免孩子的自我受到伤害，避免孩子的自我价值感受损。

这就是先跟随再带领的说话方式，生活中可以灵活运用。

7. 表达动机的语言

不要带着负向情绪和孩子沟通。当我们带着负向情绪跟孩子沟通的时候，会对孩子挑剔、指责和控制，这会引发孩子的防卫，孩子也会充满负向情绪，反馈给我们的是抗拒、冲突和对抗。

我们需要管理自己的负向情绪，如何快速转换自己的负向情绪呢？动机会影响情绪，转换动机就会转换情绪。你的动机是想要改变孩子、控制孩子、指责孩子，你的情绪一定是负向的，充满了不耐烦、愤怒、焦躁。

如果你的动机是想要跟孩子好好协商、找到双赢的解决方案，你的情绪就会是正向的，就会有耐心，很平和。

我们需要在沟通中觉察自己的动机，保持自己的动机是正向的，并且表达自己的正向动机。保持正向动机，表达正向动机，能让沟通朝正向发展，孩子会更愿意跟你沟通。

8. 寻求双赢的语言

在父母和孩子的沟通中，有四种基本结局：第一种是赢输，父母满足自己的需要，孩子不能满足自己的需要；第二种是输赢，父母不能满足自己的需要，孩子可以满足自己的需要；第三种是双输，父母和孩子都不能满足自己的需要；第四种是双赢，父母和孩子都可以满足自己的需要。

前面三种结局都会造成后遗症。要不然你被别人所压抑，你想反击别人；要不然你压抑了别人，别人想反击你；要不然两个人都觉得被压抑，然后相互攻击，结局都不好。

我们要努力追求双赢，当处在双赢状态的时候，双方的需要都可以尽可能得到满足。双赢会让大家关系更好，可以一起创造未来。

父母一定要和孩子做双赢的沟通。经常跟孩子说："我们一起来聊一聊怎么样找到我们都满意的方法，既能满足我的需要，又能满足你的需要。"遇到沟通困难的时候，尤其要记得，表达自己的需要，也要了解别人的需要，这样就一定可以找到双赢的方法。

9. 看见动机的语言

从心理学角度看，每个人都有自我实现的潜能，就像植物喜欢向上生长，每个人都想成为成功、有爱的人。但是就像一棵树需要养分，每个人也需要滋养，这种滋养来自身边人的爱与接纳。如果一个人没有得到滋养，没有得到爱与接纳，而总是被指责、被伤害，人就无法活出成功、有爱的人生。

当孩子有失调的行为的时候，如果父母看到孩子自我实现的潜能，就会理解孩子想变好的愿望，之所以有失调的行为是暂时没有找到好的方法。

==人虽然有负向的行为，但是所有负向行为的背后都有正向动机。父母理解这一点，就会给予孩子更多的爱与接纳，这份爱与接纳会让孩子发挥自己自我实现的潜能，让人生变得更好。==

如果父母看不到孩子自我实现的潜能，看不到孩子行为背后的正向动机，认为孩子有失调的行为是因为不想改变、不想成功。比如经常跟孩子说，"你就是这么没出息，你就是改变不了，你就是不想变好，你真是没救了"，这些话会认定孩子充满了负向动机，给孩子增加成长的阻碍，孩子会感受到指责和伤害，就无法变好。

这两种态度，一种是理解孩子负向行为背后的正向动机，另一种是指责孩子负向行为背后的负向动机。

我们需要从正向角度看待孩子，找出孩子行为背后的正向动机，这样孩子才能感受到爱与接纳，才能激发自我实现的潜能，从而变得更好。可以经常跟孩子说："我理解你想要变得更好，我相信你想帮助大家，我理解你是想快点达成目标，我知道你也很想把事情做好。"

❀ 整合式沟通的法则

用正向教养，而不是负向教养。

有两种父母，一种是用正向态度养育孩子的父母，另一种是用负向态度养育孩子的父母。第一种父母往往带给孩子很多鼓励和信心，第二种父母往往带给孩子很多的贬损和伤害。父母需要多用正向养育而不是负向养育。

身边人对我们是有影响的，当身边的人相信我们会成功、快乐，我们会感受到很多支持，会变得更好；当身边的人不相信我们，我们感觉到的是被贬低，可能就真的没有办法变好。

怎么实现正向教养呢？我们从三个方面来说明。

1. 接纳而不是指责

有正向信念的父母相信孩子会变得更好，相信孩子的缺点、不足和面临的困难都是暂时的，是可以被克服的。这样的父母往往给孩子很多力量，孩子会因此而肯定自己，发挥出自己的潜能。有负向信念的父母觉得孩子不会变好，缺点会持续，问题无法改变，困难很难被克服。这样的父母往往给孩子很多的贬低，孩子会否定自己，难以变得更好。

美国著名的网球教练、教练技术的创始人添·高威在教别人打网球的时候有一个惊人的发现，如果总是批评、指责学员，学员就会觉得自己不行、很笨，会学得很慢，学得不好；如果总是鼓励学员，让学员有自信，学员会不断调整和学习，找到自己需要改进的地方，快速修正，学习速度和效果都会很理想。

正向信念可以让孩子的缺点改变，负向信念会让孩子的缺点持续。父母的信念塑造了孩子的人生，父母需要把自己对孩子负向的信念转化成正向的信念。

2. 说想要的而不是不要的

人的所有潜能是受大脑里的图像指引的。如果一个人对未来有清晰的图像，就会发挥自己的行为、情绪、思考的潜能，朝着目标前进，会让人生变得更好。如果一个人脑子里没有清晰的目标，这个人的行为、情绪、思考都会陷入混乱，就无法创造好的人生。

出租车司机的例子可以说明这一点。研究发现，出租车司机在没有拉乘客的时候最容易出事故，因为司机没有清晰的目标，容易陷入混乱。

要尽可能跟孩子说你想要孩子做什么，而不是不想要孩子做什么。因为人很难想象不要做什么是什么图像，比如你跟孩子说"不要发脾气"，孩子很困惑，当你说"不要这么懒"，他脑子里也不知道该做些什么。所以要说你希望孩子做什么，比如"希望我们能好好沟通"，"希望你按时完成作业"。这些正向的说法会让孩子更有改变的动力。

要多说想要的，少说不想要的。

3. 多了解需要，少怀疑动机

当孩子学习不好、做事拖延、晚睡觉的时候，父母往往直接把孩子的行为解释为孩子有负向动机，比如就是不想学习、故意拖延、就是不想睡觉，然后会加以控制和指责。

心理学研究发现，孩子有负向行为的时候，往往是孩子遇到困难，需要帮助的时候。比如孩子学习不好可能是真的没听懂老师讲的，做事拖延可能是因为自己没有找到做事的方法，晚睡觉可能是因为身体不舒服。

很多父母往往来不及了解孩子的需要，就直接给孩子贴上负向动机的标签。这会让孩子觉得自己的困难没有人了解，自己得不到帮助，父母不信任自己。

用正向的方式对待孩子，父母需要多了解孩子的需要，少怀疑孩子的动机。

第八节 觉察贬损模式

❀ 贬损模式

贬损就是贬低和批判孩子。

当父母贬损孩子的时候,孩子会觉得自己在父母的眼里不够好,会有罪恶感。比如你总说孩子不够勤奋、不够成功,孩子会觉得自己是个懒惰、失败的人。

❀ 登山教练的隐喻1

有一个登山教练因为觉得自己不够聪明、不够勤奋、不够成功,所以对自己很严苛,过得很辛苦,教学工作中也会用贬低的方式要求学生。当学生犯错,教练因为担心学生成为跟自己一样不够勤奋、不够努力、不够成功的人,就会很着急,导致他不会直接说自己想要学生怎么做、怎么改进,而是用贬损的方式说,"你怎么这么笨""这么懒""这么差劲!"

每次他贬损自己的学生,学生都会有罪恶感,会在内在贬低自己,觉得自己不好,学生就低一点头、弯一点腰,不许自己放松,不许自己快乐,要跟教练一样,很辛苦地背上更重的背包,用更快的速度,走更多的路。

在这样的贬损教育下，有的学生觉得自己完全达不到教练的标准、觉得自己很不好，就放弃了登山学习，也有一些学生很辛苦地坚持了下来。

有一次，教练的学生和别人一起去登山，大家都很开心，很放松，挺胸抬头，沿途享受山上的风景，累了会休息，会享受这段旅程。但是教练的学生不许自己放松，不许自己快乐，低着头、弯着腰，背着很重的包，走得很快，还嘲笑别人笨、懒、差劲。

有人问教练的学生，你走得比我快，你开心吗？你欣赏沿途的风景了吗？教练的学生默不作声，因为用贬低、压抑自己的方式在努力登山，所以并不开心。

这时候大家向远处眺望，看到了山的后面还有很多的山，大家很兴奋，欢呼雀跃地想要登更多的山、欣赏更多美景。但是教练的学生却紧锁眉头，因为他已经耗尽了所有的精力，一点也不轻松、不开心，一想到还要爬山就很想放弃。

其他人开心快乐地继续向前，教练的学生只能在山顶沮丧地沉思。当他安静下来看向四周，他发现，因为一直觉得自己不够好、太想证明自己，他错过了太多美的风景。

❀ 为什么我们会对身边的人开启贬损模式

1. 对别人的贬损来自自我贬损

对自己有贬损的人才会去贬损别人，对自己慈悲的人也会对别人慈悲。

> 有一位妈妈，虽然家庭条件不错，但是孩子想买新衣服、新玩具，她总是跟孩子说，买什么新的，旧的不是挺好吗？我们小时候哪有什么新衣服、新玩具。有时候孩子会哭，妈妈就会骂孩子不懂事。孩子慢慢长大，变得很"懂事"，不再表达自己的需

> 要，很节俭。但是一旦有了好东西，很快就弄坏，总是会把新买的东西弄破，把新买的衣服弄破，把新电脑弄坏。

我跟她说："你对孩子的贬损会导致孩子的自我贬损，孩子会觉得自己不配拥有好东西，就会把好东西损坏。"

我问这个妈妈，觉得自己值得拥有好的东西吗？她说起小时候家里穷，父母很节俭，她很少穿新衣服，她从小就觉得自己不配拥有好东西，长大了，生活变好了，也很少买好东西给自己。

我跟她说："你对孩子的贬损来自你对自己的贬损，放下对自己的贬损才能放下对孩子的贬损。"

没有被贬损过的人不会去贬损别人。别人对我们的贬损会变成我们的自我贬损，又会变成我们对别人的贬损。

2. 过度牺牲自己会变成对别人的贬损

当你过度牺牲自己，你会显得很伟大，身边人会显得很渺小，这也是一种对别人的贬损。

> 一个60来岁的妈妈说，儿子30来岁每天待在家里，不去找工作，总是花她的钱，她不给儿子钱，她儿子就骂她，她很痛苦。

这个孩子一定经历过很多贬损。她说她很少贬损孩子。其实贬损不一定是语言上的，可能是行为上的贬损。

我问她怎么教育孩子？她说，小时候她很心疼自己的孩子，孩子不想做家务，她就替孩子都做了；孩子不想学习，她就允许孩子放弃了；孩子没有赚钱能力，他们就给孩子钱。为了孩子，她牺牲了很多。

表面上看起来，这是个很好、很仁慈的妈妈。但是孩子该做的事妈妈都做了，孩子该承担的妈妈都承担了，孩子觉得妈妈很能干，觉得自己很无能、很失败。妈妈用牺牲自己的方式贬低了自己的孩子。

我跟她说，要让孩子承担自己该承担的责任。但是她说，只要看到孩子无助就忍不住想要替孩子承担。

我问她，如果不去替孩子承担会怎么样？她说，会觉得自己很没用，觉得自己很不好。就是这些罪恶感驱使她过度照顾孩子，把孩子贬低成了一个无能的人。父母贬损孩子，孩子就会有罪恶感，这对孩子有很大影响。有很多罪恶感的人会过度想要表现得比别人好，无意中贬低了别人。

当孩子有罪恶感，会贬低自己，觉得自己不应该开心，不应该表达自己真实的感受，不应该只顾自己的需要。孩子会努力达到父母的标准，照顾别人的需要。孩子会陷入牺牲自己和放纵自己的循环。比如父母说，"你怎么老这么贪玩"，孩子觉得自己贪玩，会过度压抑想要去玩的需要，很努力学习，压抑久了，会产生放纵的行为，孩子会控制不住要去玩。

因为过度压抑而产生的放纵行为往往会以控制不了的冲动、报复性的反弹和上瘾症的方式出现，比如手机上瘾症。这就形成了一个贬损—罪恶感—牺牲—放纵的循环。如果父母看到不到孩子行为背后的心理，反而加强对孩子的贬损和批判，会强化这个循环。

每一次放纵不但会换来父母更大的贬损，孩子也会增加更多的罪恶感。有的孩子觉得自己怎么都达不到父母的标准干脆放弃，从而破罐子破摔，成为一个很反叛的人。既然你们觉得我情绪化，那我就是情绪化；既然你觉得我懈怠，我就是懈怠；既然你觉得我失败，那我就是失败。

也有的孩子在这样的循环下，会因为罪恶感发展出一个角色，比如成为一个很乖、很努力、很优秀的人。角色是认为自己应该是一个什么样的人，但是角色会阻断一个人真实的感受。你是一个很乖的人就不能发脾气，你是一个很努力的人就不能懈怠，你是一个很优秀的人就不能失败，这样会很辛苦。

扮演角色的人就像脸上戴了一个很乖、很努力、很优秀的面具，在别人的眼里这个人很好，但这是压抑、委屈自己换来的赞美，所以这个扮演角色的人内在却会觉得自己很失败。

因为压抑了很多负向情绪，总有一天这些负向情绪会反扑，要么不会成功，要么虽然成功了，却付出了很多情绪和身体的代价。

父母或许想要通过贬损让孩子变好，但是贬损会起反作用。你越想让孩子好，孩子就越不好；你想要让孩子优秀，孩子就越失败。

❀ 贬损的三种方式

1. 语言贬损

很多父母一旦看到孩子犯错就羞辱、贬损孩子，你怎么这么差劲、怎么这么失败、怎么这么笨，直接给孩子贴上一个负面标签。这会让孩子形成很多罪恶感，觉得自己差劲、失败。这样长大的孩子会用严苛的方式对待自己，一旦自己犯错就充满罪恶感，让自己非常紧张和辛苦。

在羞辱性的教育中长大的人会把身边的人分成绝对的好人和坏人，一旦别人不符合自己的标准，不容对方辩解，就把对方归为不可原谅的坏人，贬损对方，严重的会残忍地伤害别人。

2. 角色贬损

角色就是应该成为什么样的人，应该坚强，脆弱就是不好的；应该勇敢，恐惧就是不好的。如果父母用带有羞辱感的方式要求孩子一定要成为什么样的人，比如嘲讽孩子，给孩子起外号，甚至打孩子，孩子就会穿上一个盔甲，只能坚强、不能脆弱，只能勇敢、不能恐惧。

人生是流动的，有时候坚强，有时候也会脆弱；有时候勇敢，有时候也会恐惧。如果一定要穿上一个坚强、勇敢的盔甲，内在就会有很多想说却不能说的话，想表达却不能表达的情感。这样的人在别人的眼里也许非常正向、积极，但是内心却会有很多委屈、压抑。

3. 行为贬损

如果父母内在也觉得自己不够好，为了证明自己比较好，带着埋怨过度承担责任，让自己很辛苦，孩子就会觉得自己不够好，这就是一种行为上的贬损。

当父母过度勤劳，带着埋怨把孩子应该做的事自己都做了，这会让孩子觉得父母很勤劳，自己很懒惰，这就是一种行为的贬损。如果父母用这样的方式贬损孩子，孩子长大也会用这样的方式贬损身边的人。

父母内在觉得自己不够有价值，就会拼命证明自己有价值，但是这种凸显自己的行为却让孩子觉得自己没有价值。

✿ 把贬损转化成一致性表达

当父母想要贬损孩子的时候，是想孩子做出改变，但是贬低的方式会给孩子造成不好的影响。要用一致性表达来代替贬损。

一致性表达就是真诚一致地表达我们的内在情感。

我们之所以贬损别人，核心原因是不懂得如何一致性地表达自己的情感。我们举一个借钱的例子，别人向你来借钱，你本来不想借，但觉得不好意思，你没有拒绝别人，心不甘情不愿地把钱借给了别人，但你马上就会在心里或者对周围的人贬损那个向你借钱的人。如果你能一致性地说出来你的拒绝，你反而不会贬损别人。

如果我们心里有不好的感受最好能表达出来，情绪能够表达出来会变成接纳，情绪不能说出来就变成贬损。无论在职场还是在家庭成员之间都是这样，没有压抑的情绪就没有贬损，压抑了很多情绪就会相互贬损。

贬损不是对方真的很不好，而是因为我们不知道如何表达自己的情绪。我们要学习如何一致性地表达自己的情感，不要把这些情感变成贬损。

我们为什么不能一致性地说出自己的感受？因为罪恶感。我们从小接受了很多贬损，觉得有情绪是不好的，说真话是不好的，拒绝别人是不好的，所以当我们想要表达情绪、说真话、拒绝别人的时候，我们就无法一致性地表达自己，就会压抑自己，但是压抑自己之后，就会贬损别人。

很多父母有很多罪恶感，没有能力一致性地表达自己的负向情绪、真实想法和自我界限，总是压抑自己，又会不自觉地贬损孩子。改变的方法就是把贬损转化成一致性表达。

1. 一致性沟通

用一致性沟通代替贬损。

一致性是表里一致地分享自己内在的感受和需要。贬损是想要管教别人，一致性是想要分享自己；贬损是居高临下，一致性是基于平等；贬损是强迫他人服从，一致性是把选择权留给别人。

当孩子犯错的时候，一致性地分享自己的看法和感受比贬损式地批判和贴标签对孩子更有帮助。当孩子犯了错，把孩子的行为对自己的影响告诉孩子，不要对孩子的人格加以批判。

如果孩子承诺你的事情没有做到，用一致性的沟通方式，你可以说："你上次答应我的事没有做到，损失了我半天时间，让我不知道怎么安排我的工作。"这会让孩子看到自己没有遵守承诺对别人造成的影响，你提供的是具体的事件细节，孩子会专注在这些事件上检讨。

一致性沟通是跟孩子说，你做的事情不对，但是你人是好的，是拉着孩子的手一起面对和解决问题。而贬损是跟孩子说，你做的事不对，你人也很差劲，这相当于给孩子身上压了一块石头，让孩子独自承担、自己解决问题。

2. 展现中正

当孩子因为父母的贬损产生罪恶感，孩子在与别人的互动中会展现罪恶感—自我放低—证明优越—批判他人的循环。

有罪恶感就会自我放低，导致自我牺牲。本来想表达的感受就无法表达，本来该别人做的事我们就会替别人承担。

这种自我牺牲其实是一种自我证明。我们想要证明我们是一个很乖、很努力、很优秀的人，我们就牺牲自己、额外付出。但是在这个过程中，慢慢我们就会感觉，我们付出的比较多，别人付出的比较少，我们就会对别人心生批判。

所以委屈自己的人总是对别人有很多埋怨，牺牲自己的人会居高临下指责别人，承担过多的人会怨恨他人，过度照顾别人的人会道德绑架别人。

这个过程就是罪恶感—自我放低—证明优越—批判他人。因为罪恶感会先把自己放得比别人低，过度付出和承担，然后慢慢证明自己比别人高，批判、指责他人。这样的模式会破坏关系。

==这其实是一种操控，用过度付出的方式想要得到别人的认可，用自我牺牲的方式让别人觉得自己好，用替别人承担的方式让别人觉得自己有价值。这种过度付出一开始让别人很难拒绝，当演变成对别人的批判的时候，又让别人难以辩解。==

所以跟一个自我放低的人相处需要很强的中正能量，不需要别人额外的付出，也不接受别人额外的批判。有很多父母觉得自己不够有价值，很需要孩子觉得自己是个好父母来弥补自我价值感，这样的父母就会额外付出，不敢提要求，会自我牺牲，对孩子过度照顾。当父母这样做，孩子为了满足爸妈的价值感，也会额外付出，不敢提要求，自我牺牲，过度照顾别人。这样的结果就是父母和孩子相互批判，相互贬低。

如果你需要别人额外认可你、赞美你，甚至崇拜你来让你觉得自己有价值，面对别人的额外付出，你不但不会拒绝，还会觉得享受，那么有一天你就会发现对方的额外付出变成了对你的批判。一开始对方把自己放得很低、把你抬得很高，有一天，对方会把自己抬得很高、把你压得很低。

当对方把你压得很低的时候，会激发你的无价值感，你们之间就会发生很大的冲突。

展现中正的能量很重要，我们要有力量和孩子厘清界限。当孩子额外付出的时候，你可以礼貌地拒绝；当孩子批判你的时候，你可以把孩子该承担的责任还给孩子。不因为自己虚弱就向孩子索取，也不因为害怕冲突就纵容孩子。当孩子放低自己、抬高父母的时候，不沾沾自喜；当孩子抬高自己、放低父母的时候，也不自我否定。当孩子放低自己，你可以鼓励孩子；当孩子抬高自己，你可以真实表达自己。

不断展现中正，不要放低自己，也不要抬高自己，你才能慢慢带领孩子做一个中正的人，孩子也会学到不放低自己，也不抬高自己。这就是我们常说的不卑不亢。

3. 确认价值

当孩子有罪恶感的时候，会觉得自己没有价值，父母需要确认孩子的价值，让孩子不要因为自我贬损产生负向行为。你可以说，你没有什么不好，你值得拥有，你是值得的，以此来确认孩子的价值。

确认价值的另一个方法就是鼓励真实。有罪恶感的孩子很难做真实的自己，因为害怕做真实的自己会再次被身边的人贬损。但是不能真实做自己就很难开心。我们需要鼓励孩子做真实的自己，一致性表达自己。

可以从语言和行为两个方面鼓励孩子。

语言上，可以说："你可以真实表达自己，不用担心被批评，我们喜欢听你讲真话。"

行为上，父母要做真实的自己，这是最好的示范。在孩子自我放低时，不要排斥；在孩子过度自我证明时，告诉孩子，就算他表现得没那么好你也一样爱他、接受他。

✿ 放下贬损的法则

有一些法则可以协助父母觉察贬损模式。

1. 第一条法则是用改变影响孩子而不是用策略操控孩子

有两种父母,一种是用自我改变带动孩子改变的父母,另一种是用策略控制孩子改变的父母。第一种往往带来持续改变,第二种往往造成逆反。我们从三个方面来说明。

1.1 父母要做榜样而不是讲道理

当孩子遇到困难的时候,如果父母带着正向情绪去和孩子沟通,孩子会从父母身上感受到安定和信心,会有力量去克服困难。但是当孩子遇到困难,父母带着负向情绪和孩子沟通,孩子会感受到批判和催促,这会让孩子感觉到压力和逼迫,从而很难解决自己的问题。

父母之所以有正向情绪是因为父母有信心去面对和解决人生中的这些困难。父母有很多负向情绪是因为父母很难去面对人生中的这些困难。

当父母自己也没有信心面对困难的时候,往往就变得很焦虑,很想快点改变,变得很喜欢给孩子讲道理。但是这些讲道理的行为其实是基于自己的恐惧,父母担心孩子很难面对这些困难。恐惧会传染,当父母讲道理,孩子会觉得自己很难面对那些困难。所以父母越讲道理,孩子反而越难改变。

当孩子面对困难的时候,不要去讲道理,而要做一个好的榜样。

如果父母相信困难是可以被克服的,就会保持镇定,耐心去寻找解决方案,就算暂时没有找到答案,也会安慰、鼓励自己,让自己保持信心,直到困难被克服。当父母保持这样的信心,孩子会从父母身上感受到力量,从而有勇气面对自己的困难,能快点解决自己的困难。

讲道理是因为恐惧。父母给孩子讲的道理,是自己做不到,反而要求孩子去做的。做榜样是因为信心。父母给孩子做榜样,是相信自己可以面对，所以可以陪伴孩子去面对。

想更好地养育孩子，需要给孩子做一个好榜样，用做榜样代替讲道理。

1.2 用自我改变给孩子一个好的氛围

人的性格会带给身边人一种能量和氛围，身边的人会因为这个能量和氛围做出改变。

管理学里有一个著名的破窗理论。如果一条路上一个窗子被打破了没有人管，就会有第二个、第三个窗子被打破，因为这个破窗子暗示了一种能量与氛围，让大家觉得可以随意搞破坏，大家都会受到这种能量和氛围的影响。

父母身上散发的能量和氛围决定了孩子成长的方向。

父母如果散发出指责的氛围，孩子被迫就要压抑自己；父母如果散发出严苛的氛围，孩子就会小心翼翼；父母如果散发出控制的氛围，孩子就会用策略去操控。

当你带着指责的能量，孩子不可能放松地跟你沟通；当你带着批判的能量，孩子很难面对自己的困难；当你带着控制的能量，孩子很难学会坦诚、开放。

很多时候你发现孩子没有改变是因为你没有改变。

所以我们说，什么样的父母就有什么样的孩子，你是什么样，你的孩子就是什么样，只有你变得不一样，你的孩子才能变得不一样。

你最能够帮助孩子成长的就是给孩子做一个好的示范，比如你的好性格。你的好性格会传递给孩子一个好的能量与氛围，孩子自然就会有好的成长。

1.3 用自我改变影响孩子

当一件事出现问题的时候，就是需要改变的时候。所以问题只有一个，就是失去了改变的能力。

只要能够做出改变，一切都会变得不同。一幅画增加一笔就会变得不一样，一个新的观点可以让我们看见一个不一样的世界。

在人与人的关系中，如果你让自己有爱、有耐心、愿意靠近对方，你的改变会带来对方的改变，对方会愿意检讨自己、愿意用不同的观点看问题、愿意有好的关系。

在人与人的关系中，如果执着于自己的想法，会变得控制、坚持、有情绪，你的执着会让对方不愿意检讨自己、坚持自己的观点、不愿意有好的关系。

你的改变带来对方的改变，你的坚持带来对方的坚持。如果你发现孩子不愿意改变，其实不是孩子不愿意改变，而是你不愿意改变。

在关系中，愿意先做出改变的人是一个领袖，领袖就是用自己的改变带动别人改变的人。 当一个问题出现的时候，我们要么成为领袖，自己先改变，用自己的改变带动别人改变；要么成为受害者，觉得自己无法改变，只希望别人改变。

当你是一个领袖，不抱怨别人，能够给别人鼓励，别人会愿意检讨自己，会因为你的帮助改变自己。如果你变成受害者，抱怨别人，别人会不愿意面对自己的问题，并且会背负你的情绪，变得更加难以改变自己。

领袖愿意自我改变，会看到很多可能性，因此事情会朝好的方向发展。受害者不愿意改变，看不到任何可能性，因此事情就无法朝好的方向发展。

当一件事情被卡住的时候，我们需要问自己，我是要当一个领袖引领别人，还是要当一个受害者抱怨别人？

遇到问题，我们一定要做一个领袖，先让自己做出改变，用自己的改变带动别人改变。如果自己不改变，别人就更加难以改变。孩子比父母弱小，在遇到问题的时候，如果父母不改变，孩子就更加难以改变。

父母要成为一个领袖，用自我改变影响孩子，变成孩子人生的垫脚石。如果父母变成受害者，用策略控制孩子，会变成孩子人生的绊脚石。

2. 第二条法则是在当下疗愈孩子的过去

有两种父母,一种是在当下可以疗愈孩子过去的心碎的父母,另一种是在当下让孩子累积更多心碎的父母。第一种父母可以在生活中疗愈自己的孩子,成为孩子疗伤的港湾;第二种父母不但不能成为孩子疗伤的港湾,反而成为孩子更多伤痛的来源。

人每天都在更新自己的人生经验,当下新的经验会跟过去的经验融合变成一个新的人生经验,也会因此得到新的观点。

如果一个人过去觉得人生黑暗,当下可以看到足够的光明,光明就会消散过去的黑暗,这个人会形成新的人生经验和新的观点。如果一个人过去觉得人生是光明的,当下有一个痛苦的经验,这个人可能对人生也会有负向的观点。

人生永远是可以重塑的,如果父母在当下给孩子正向的人生体验,孩子会因此改变过去负向的经验、改变对人生的观点,从而改变自己的人生。父母可以学习在生活的每一个当下疗愈自己的孩子。

孩子的负向行为往往来自过去的一些负向经验。过去有人挑剔我,所以我不自信;过去有人不尊重我,所以我跟人很难有好的关系。当孩子有负向行为的时候,父母可以深入了解孩子,在当下给孩子提供一个跟过去不一样的正向经验,用这个正向经验疗愈孩子过去的负向经验,让孩子把负向的人生结论变成正向的人生结论,把负向行为变成正向行为。

但是很多父母因为不理解孩子的行为,会在当下给孩子提供一个更负向的经验,从而让孩子把人生的结论变得更加负向,行为也变成更加负向的行为。

每个人心里都在等待一个跟自己以前遇到的人不一样的人,让我们可以重新感觉到爱与被爱,放下过去负向的经验,开启一个正向的未来。

我们跟一个人相处的时候会有一个期待,那就是,过去有人挑剔我、不尊重我，所以我不自信、跟人无法有好的关系，我希望你跟他们不一样，你可以不挑剔我、尊重我，这样我就可以疗愈我的心，改变我对人生的看法，可以重新变得自信，可以再次跟人有好的关系。

我们也害怕当下的人会和我们过去遇到的人一样，再次伤害我们。我们害怕当下的人会和过去的人一样挑剔我们、不尊重我们，我们会因此更加不自信，更加无法跟人有好的关系。

这里包含了巨大的期待，希望当下的人跟过去的人不一样，能给我们一个正向的人生经验，也包含了巨大的怀疑，害怕当下的人跟过去的人一样，会给我们负向的人生经验。

这是一个充满矛盾的心理，尤其对那些跟我们很亲近、我们觉得会帮助我们的人，我们会升起强烈的期待和怀疑。为了避免像以前一样受到伤害，也为了让我们得到疗愈，我们会对这些很亲近、能够帮助我们的人有一些试探性的行为。

这就像我们过去受过恋爱的伤，现在遇到新的恋爱对象，我们会变得小心翼翼，会试探现在的恋爱对象，看看我们的缺点对方是否可以接受，我们的习惯对方是否可以理解，对方是否可以真的爱我们。

或者就像一个病了很久的人遇到一个有可能可以救治自己的医生就想要试探一下这个医生是否真的可以治好自己的病，会要求医生提供更多证明，会对医生提出质疑，会挑剔这个医生做的事，会要求医生给予额外的关注。

这些试探的底下是恐惧，害怕现在的人跟过去的人一样让我们再次受伤，所以这些试探里往往包含了很多焦躁、指责、挑剔、抱怨、想要逃跑和放弃的情绪。恐惧越深，期待会越强烈，怀疑也会越深，试探也就越情绪化。

如果身边的人了解我们的内心，能够顺利通过这些试探，我们会把他们变成我们人生可以更好的理由，觉得我们终于看到了希望，终于可以有一个不一样的未来。

但是如果身边的人不了解我们这些感受，不能通过这些试探，我们会把他们变成我们人生无法更好的证据，我们会觉得我们的人生跟过去一样，无法变得更好。

每次碰触到一个过去的伤痛经验，孩子对父母也会有这些试探，父母如果可以通过孩子的这些试探，就可以在当下疗愈自己的孩子，让孩子负向的人生经验和信念转化成正向的人生经验和信念，孩子会觉得自己的人生可以变得更好。如果父母不能通过孩子的这些试探，会让孩子在当下有更加受伤的感受，会加强孩子负向的人生经验和信念，孩子会觉得自己的人生没有办法变得更好。

我们来看一下孩子主要有哪三种对父母的试探。

2.1 取悦他人是试探父母是否能够不要批评和指责

如果孩子过去经常被批评、被指责，觉得自己很难被认可和鼓励，孩子就会形成一种模式，就是取悦他人。因为他的底层心理觉得自己很难被认可，为了避免再次被批评、被指责，他会不表达自己的意见、不自己做决定，因为怕犯错而不敢冒险，一切以别人的意见为主，所以会取悦他人。他们会说，"这件事我不知道该怎么做"，"这件事我没有意见"，"我也不知道该怎么选择"。其实这是一种试探，如果你因为他取悦他人就嫌弃他没有能力，批评他笨，指责他不敢冒险，跟他说，"你怎么这么没能力，这么没主见，这么胆小，怎么这么笨！"父母就没有通过这个试探，孩子会因此加强自己的负向信念，觉得自己是很难被认可的，还是容易受到批评和指责，孩子就会继续取悦他人，无法活出自己。

如果父母可以看到孩子之所以这样其实是害怕被批评、被指责，是很需要被认可，就会多鼓励孩子、多支持孩子、多肯定孩子，当孩子再次不敢表达自己、觉得自己做不到、不敢冒险、以别人的意见为主的时候，可以跟孩子说："我相信你可以做到的，我觉得你比上次做得好，你可以表达你的意见，你可以尝试去做，做错了也没关系，我们不会批评你，你再想想这件事怎么做，我相信你可以想出办法来。"这样父母就会通过这个试探。孩子就会觉得自己是可以被认可的，自己不会受到批评和指责，会因此变得更加独立、更加有能力、更加有力量。

孩子取悦他人，不敢做自己，是在试探父母是否可以给予认可和鼓励，而不是批评和指责。

2.2 对抗是试探父母是否可以平和沟通

当孩子用对抗的方式来处理问题，往往是因为孩子觉得自己很难被尊重，人与人之间很难沟通，所以面对冲突只能用对抗的方式来解决。

这是一种试探，如果父母用对抗的方式来对待孩子，孩子就会觉得自己真的很难被尊重，人与人之间真的很难沟通，只能用对抗的方式来解决问题，孩子的对抗行为会加强。

如果父母可以耐心地用沟通、协商的方式来跟孩子解决问题，孩子就会改变自己人生的信念，会觉得自己是可以被尊重的，人与人之间是可以协商沟通的，可以用更和平的方式解决问题。

当你看到孩子对抗，你也开始跟孩子对抗，你就没有通过孩子的试探，孩子会加强自己的对抗行为。如果你面对孩子对抗，可以冷静地好好沟通，你就会通过孩子的试探，孩子会因此改变自己的对抗行为。

孩子的对抗是在试探父母可否平和沟通。

2.3 疏离是在试探父母是否能够给予关心

当孩子觉得自己很难得到父母的关心，孩子会变得退缩和疏离，会一个人待着，不让别人注意到自己，会很孤单，会自己照顾自己。

这种疏离其实是一种试探，很多父母看到孩子疏离会觉得孩子不需要关心，觉得孩子可以自己照顾自己，从而减少对孩子的关注和关心。如果父母这么做，孩子会觉得真的没有人关心自己，只能自己一个人待着，就会一个人躲起来，更加疏离，这样父母就没有通过这个试探。

如果父母可以看到孩子的心理需求，当孩子疏离的时候，不去忽略孩子，而是去关注孩子、靠近孩子、了解孩子的感受，孩子就会觉得有人关心自己、在乎自己，孩子就会减少自己疏离的行为，变得愿意与人交往，愿意跟人靠近，也会变得开朗，这样父母就通过了这个试探。

孩子的疏离是在试探父母是否能够给予关心。

孩子的很多负向行为其实是一种试探，里面包含着想要人生更好的期待，也包含着人生可能不会更好的怀疑。父母如果深入看到孩子的心理，给出更多的爱与接纳，就可以在当下疗愈孩子的过去，把孩子的负向信念转化成正向信念。

罪恶感的情绪

每个人都有很多罪恶感。我们曾经做错一些事就会有罪恶感。比如我们小时候说谎，学习没有达到父母期待，都会觉得自己做错了事，其实做错了事，认识到、下次改进就可以了，但是很多时候我们做错了事不能原谅自己，就变成了持续的罪恶感。

我们通常感受到的自我批判、无价值感、自卑、羞耻感都是罪恶感。很多人每天回到家都会觉得自己做得不够好、不够努力、不够成功，从而产生很多罪恶感。

有罪恶感的父母会把自己的罪恶感传递给自己的孩子。

登山教练的隐喻2

延续登山教练的隐喻，教练为什么喜欢贬损学生？因为教练也是在被贬损模式下成长的。这个教练曾经有一个自己的教练，也是过度努力、压抑自己，他见到学生犯错也是不直接说该怎么改进，而是直接贬损。

为什么那个教练会贬损别人呢？因为当自己事情做得不好的时候，不是去检讨事情为什么没做好，不去觉察如何改进，而是不停地批判自己、责怪自己，让自己很辛苦，这就让他养成了不自觉贬损别人的习惯。他内在有很多罪恶感，却把这些罪恶感传递给了自己的学生。

❀ 罪恶感对人生有什么影响

1. 罪恶感让人无法享受生活

内在的罪恶感会挡住外在的美好。这就像一个在逃的罪犯不管走到哪里都无法享受轻松美好的生活，因为他心里知道自己是一个罪犯。有罪恶感的人无法很放松地享受人生。

> 有一个访客说自己很难享受人生，总觉得自己不配拥有好的生活。我问他小时候的经历，他小时候看到父母很辛苦，总是不舍得吃，经常吃剩菜剩饭，他觉得是自己不够努力，没有帮到父母，觉得自己不配享受好的东西，就算他现在的生活还不错，也很难放松地享受。

我说："帮助父母最好的方式是让自己能够享受人生，如果你虐待自己，你的父母更无法享受人生。你那时候还小，没有能力帮助父母，应该原谅自己。"

2. 罪恶感让人想退缩

一个有罪恶感的人因为觉得自己不够好很难坚守自己的界限，会让别人侵犯自己的界限，这样对自己、对别人都不是好事。

> 有一个妈妈说，她的孩子很不像话，会骂她，甚至骂一些很难听的话。我帮助她回忆小时候，那时她爸爸就经常骂她，她觉

> 得都是自己做得不够好，所以长大之后，遇到和别人的冲突总觉得是自己的责任，是自己不够好，别人用很过分的方式对待她，她也不会拒绝。结婚之后，老公骂她，她忍着，孩子也开始骂她。

我问她："孩子这样对你，你觉得对孩子未来的婚姻和事业是好事吗？"她说，肯定不好，孩子会变得没有规矩，不尊重别人。但是她不知道该怎么办。

我说："你要拿出你的力量，不能再退缩，就是因为你的退缩造成了这样的局面，你的退缩对你、你老公、你的孩子产生了不好的影响。"我教了她很多增强力量的方法，当她变得有力量、不再退缩，夫妻关系变得亲近了很多，孩子也开始懂得尊重别人的感受。

罪恶感让人退缩，但是退缩不能解决问题，反而会引发更多问题。

3. 罪恶感让人想证明自己

罪恶感让人觉得自己不够好，这是很不舒服的感受，为了解脱这份感受，人就要不停地证明自己。

> 一个妈妈总是到处夸耀自己的孩子有多好，她的孩子就像她的名片，实际上，她的孩子可能并没有她说的那么好，有一天孩子跟她说："我就是你的门面，我天天为了你而活，我不能做我自己，我好累呀！"

我问这个妈妈，如果你的孩子没有那么优秀，你会怎么样？她说："我会觉得自己不是一个好妈妈，觉得自己很没有价值。"我说："你要从内在感受自己的价值，而不是借助孩子让你觉得有价值，这样孩子压力会很大。"

我们做了一个活动，一个人代表她的孩子，让孩子背着她，让她跟孩子说："妈妈没有价值感，妈妈需要依靠你给我价值感。"当她这样做，孩子既不快乐，也无法放松，甚至变得抑郁。当孩子背着她走了一段路，孩子累得躺在地上，她才醒悟，自己是在借助孩子满足自己的价值感，这样让孩子非常辛苦。她开始疗愈自己的无价值感，当她找到自己的价值感，不再给孩子压力，她发现孩子快乐了很多。

罪恶感会让人不断想要证明自己，会给自己和身边人很大的压力。

❀ 罪恶感的自我应对

1. 自我一致

当我们有罪恶感，会放低自我。自我放低的一个重要表现就是不能真实表达自己，甚至会因为放低自我而否定和扭曲自己内在真实的感受，所以你遇到一个有罪恶感的人，你问他，你喜不喜欢某个东西，他明明很喜欢，却会说不喜欢。

想脱离罪恶感，需要练习自我一致，就是需要真实一致地表达自己的感受、需要和想法，练习表达自己的界限。

当我们有罪恶感的时候，不会表达真实的自己，会带着压抑退让我们的界限，但是当我们的界限过度退让，我们又会用愤怒的方式彰显我们的界限，这时往往会让身边的人受伤，所以有很多罪恶感的人往往让人觉得有点反复无常。学习一致性地表达自己的界限，不要陷入界限混乱的循环。

真实一致地表达自己是一个很大的挑战。但是如果我们无法真实一致地表达自己，就会通过贬损把罪恶感传递给身边的人，尤其是自己的孩子。

2. 自我中正

当我们有罪恶感会过度批评和惩罚自己，让自己处在一种放弃的状态，抱怨自己的人生被别人毁了；也可能会去到另一面，就是过度证明自己比别人好，让自己很辛苦，同时贬低了身边的人，让身边的人觉得自己不够好。

如果我们批判自己的这些行为，只会增强自己的罪恶感，并且加强这样的行为，所以我们需要自我中正。如果我们做错了事，要理解自己，每个人都有犯错的时候，犯错了需要的是检讨和改正，而不是批判和惩罚。如果我们忙着批判和惩罚自己，不但没有学到该学的功课，还会对这件事失去信心，等这件事再次出现的时候，我们会重犯这个错误。带着罪恶感的批判并没有建设性的作用，我们需要用理解代替批判。

当我们因为罪恶感想要去证明自己、过度替别人承担的时候，我们需要提醒自己不要过度照顾别人、过度替别人承担，这样我们成了很有能力、很有价值的人，别人却成了很无能、很没有价值的人。

当我们看到这一点，就可以接受自己有时候无能为力，可以接受自己有时候帮不到别人，我们可以显得能力弱一点，显得价值小一点，这样可以激发别人的能力，让别人觉得自己有价值。

当我们可以自我中正，身边的人也可以变得中正。

3. 自我确认

没有罪恶感的人可以接纳真实的自己，会有高自我价值感。

==自我价值感高的人会接受自己的各个面向，能够面对自己的情绪，能够接纳别人和自己的不同，能够肯定自己的独特，可以勇敢地过自己想要的人生，不管面对什么样的状况，都可以自我肯定，自我陪伴，总是开心地面对人生。==

有罪恶感的人不能接纳真实的自己，会有低自我价值感。

自我价值感低的人对自己有很多不接纳，无法面对自己真实的情绪，无法接纳别人和自己的不同，无法肯定自己的独特，不敢追求自己想要的人生，很想用外在的成就证明自己有价值，一旦事情发生变化就容易感到挫败和崩溃。

我们看到能够接纳一个人真实的自我有多么的重要。我们需要接纳和允许真实的自我，重新让自己拥有高自我价值感，拥有更好的人生。

语言上，你可以说："我可以真实表达，我可以做自己，我没有什么不好的，我是有价值的。"

行为上，在自我放低时，多谅解自己，在想过度证明自己时，提醒自己不要过度承担责任。

❁ 疗愈罪恶感的冥想

找一个安静的地方坐着，闭上眼睛，回到内在，可以深呼吸三次，然后进入这个冥想。

作为父母，你有时候对自己会有负面评价，比如说觉得自己有时候懒散、失败、自私。当你对自己有这些负面评价时，就很想要证明自己是一个勤奋、优秀、无私的人。

当你有这些感受，就没有办法让自己放松、休息、享受，而是会要求自己勤奋、努力和付出。当你要放松、休息、享受的时候，就会觉得自己不够好、不值得、没有资格。当你过度勤奋、努力、付出，你又会批判别人，觉得别人懒散、失败和自私。

因此你会贬损孩子，会跟孩子说："你看我多勤奋、多努力、付出多少，你做得不够好。"当你用贬损的方式对待孩子，孩子觉得自己不够勤奋、不够优秀、不够善解人意，孩子也会变得不能放松、不能休息、不能享受，也会不断证明自己是一个勤奋、优秀、无私的人。

一开始你还觉得挺好，过几年，你会发现孩子非常紧张、疲惫、不快乐，因为他们觉得自己不够好，要拼命去证明自己，这让他们只能勤奋、不能放松、只能努力、不能休息，只能照顾别人的感受、不能照顾自己的感受，过得很辛苦。

这时候，你开始反思自己。你遇到了一个心理老师，你问心理老师，为什么会这样？

老师说："你的孩子辛苦是因为你很辛苦，在你心里住着一个觉得自己懒惰、失败、自私的自己，你批判、指责这样的自己，所以你让他一定要过度勤奋、过度努力、过度付出。"

那该怎么办？老师说："你要去接纳内在那个觉得自己懒散、失败、自私的自己，卸下他的罪恶感，让他能够放松、休息、享受人生，才能卸下孩子的罪恶感，让孩子能够放松、休息、享受人生。你之所以贬损孩子是因为你在贬低你自己。"

你发现，原来自己一直在批判内在那个有时候想要懒散、有时候想要放弃、有时候想要自私一点的自己。你慢慢走近自己，跟自己说："你已经做得够好了，你没有做错任何事，你值得享受人生。"只有先爱自己才能爱身边的人，善待自己才能善待身边的人。

听了这些话，你觉得自己放松很多，觉得自己可以勤奋、也可以休息，可以努力、也可以休息，可以照顾别人、也可以照顾自己。你原谅了自己，宽恕了自己，善待了自己。

当你回到家看到孩子的时候，你对他少了很多的批判。你开始带着爱对孩子说："你已经做得够好了，你没有做错什么，你值得享受人生。"

自从你谅解了自己之后，你让自己轻松了很多，也让身边人轻松了很多；你让自己快乐很多，也让身边人快乐很多。当你更懂得爱自己，孩子也更懂得爱自己。

你放下了自己的罪恶感，疗愈了孩子的罪恶感，你成了一个高自我价值感的人，也让孩子成了一个高自我价值感的人。

带着这些好的感觉，你可以动动自己的手和脚，慢慢睁开眼睛，回到现在。你可以安静一会儿，思考一下你的收获。

❀ 面对情绪的短期策略

情绪—行为分析就是觉察情绪和行为之间的关系，这会让我们控制自己的情绪，做出理智的行为。在情绪高涨的时刻，使用情绪分析法可以让我们做出正确的选择。

我们分析三种情境。

1. 情绪符合事实，顺着情绪能够达到效果

比如，你和对象刚刚恋爱，你觉得应该多花一点时间相处。

你觉得孩子光吃肉食有碍健康，应该提醒孩子。

你觉得孩子游戏时间过长，应该和孩子沟通。

这时候顺着情绪行动可以带来好的人生结果，你可以随心而动，顺着情绪去行动。

2. 情绪符合事实，顺着情绪不能达到效果

比如，一件你承诺的工作暂时有困难，你想放弃，但是放弃对大家都有损失。

和别人有冲突，你想指责对方，但是指责会让关系破裂。

孩子总是做不好作业，你想大声斥责，但这只会让孩子做得更加不好。

孩子拖延，你想批评孩子，这可能让孩子更拖延。

这时候顺着情绪行动无法带来好的人生结果，你应该采取跟情绪相反的行动，比如继续努力、化解冲突、耐心沟通、好好说话。

3. 情绪不符合事实，顺情绪也不能达到效果

比如，你身体有一点不舒服，去医院检查过表示没有问题，但你还疑神疑鬼，没有心思工作。

你有一个项目失败了,你觉得这辈子都很难成功,因此不再努力。

孩子一次没考好,你觉得孩子一辈子没出息,总是冷言嘲讽。

这时候顺着情绪行动无法带来好的人生结果,你需要采取跟情绪相反的行动,比如继续工作、再次尝试、给予鼓励。

这种情绪分析能够让我们对自己的情绪有更多觉察,在紧急情况下帮助我们做出明智的选择。

贬损式沟通

贬损是用贬低批判的方式对待孩子,觉得孩子不够好。

当父母陷入贬损模式、被罪恶感的情绪抓住,就会使用贬损式沟通。比如对孩子说,"你真笨","你真差","你应该做一个聪明、勤奋的人"。贬损会表现在我们的语言和行为里。

贬损让孩子有罪恶感,孩子就不能放松,不能做自己,要过度努力证明自己,最后有可能因为压力过大而无法达成目标。

贬损式沟通会陷入贬损—罪恶感—证明自己—太过辛苦而放弃的循环,结果可能适得其反。

登山教练的隐喻3

就像那个登山教练,因为自己的罪恶感,用委屈自己的方式过度付出,就会要求学生也不能休息、要过度努力。

学生会觉得自己很不好,要么容易放弃,要么会变成内在自我贬低、外在辛苦付出的人。

❀ 用一致性表达代替贬损

使用养育卓越孩子三步法觉察自己的贬低模式、面对自己的罪恶感，父母可以把贬低式的沟通变成一致性沟通。

父母可以跟孩子说："我认为这件事是这样的，你觉得呢？""这件事我是这么看的，你觉得呢？""这件事我不认同，因为……我想听听你的想法。"

把自己真实的想法说出来，既保护了孩子的自我价值感，又让孩子明白应该如何改进。孩子会变成内在自我肯定、外在不断进步的人。

贬损是居高临下，一致性是人与人平等；贬损是证明自己比别人高，一致性是接受彼此的不同；贬损是散播罪恶感，一致性是给人尊重；贬损坚持非黑即白，一致性有一定的弹性；贬损是打压跟自己不一样的人，一致性是可以接受跟自己不一样的人。

当我们用贬损批判别人，别人真的会改变吗？你愿意为一个羞辱你的合作伙伴做事吗？你愿意配合一个贬低你的伴侣吗？当遭遇贬损的时候，人们很难真正改变自己。

一致性地表达自己，孩子反而愿意思考你的建议。当你不带强迫，直接说出你的担忧和无奈、孩子的行为对你的影响、你真心想要的方向，孩子会思考你的建议，愿意做出调整。

一致性沟通有三点：行为+渴望+后果。

这里的行为就是不带评断地描述对方的行为。渴望就是你是谁，你要什么，不要什么，哪里是你的边界。后果就是你的底线，如果别人执意侵犯，你将会采取的行动。

边界更像一个脆弱的分享，而不是强势的胁迫，边界是我们聆听自己内在的声音，明白自己想要过一个什么样的生活，重视自我价值，坚定地表达自己。真正的边界是在坚定中保留一定的弹性，在不违背自己的价值观的情况下，可以有适当调整。

分享边界的过程就像一个水母，虽然身体是非常柔软的，但是我们会清楚地表达我们要什么、不要什么，哪些是我们可以接受的、哪些是我们完全不能接受的。

但是当边界表达受到负向情绪的影响，就变成一种强势的胁迫。这是有伤害性的，因为想让对方符合自己执着的好坏对错，所以要么过度受害，要么过度指责，不能一致性表达自己的价值观，也不重视别人的价值观，表达方式特别僵硬。

这种表达就像一个贝壳，内在很容易受伤，外在又特别僵硬，要么容易伤害自己，要么会伤害别人。

这里面有一个重点，边界是我们所相信的价值的真实表达。

每个人都是独特的，每个人都有独特的价值，就算你有缺陷，你不完美，只要你重视自己的价值，一样可以很开心。因为我们跟真实的自己有一个好的关系，我们会尊重自己，聆听内在的声音，所以表达边界也是坚定的。

重视自己的价值，也会重视别人的价值。重视自我价值的人跟别人交往的时候，不会过度放低自己，也不会高高在上，会有清晰的边界。

我们的教育往往不接纳一个人的缺点，不接受一个人的不完美。因为我们不重视自己，我们会执着于用外在社会的标准来界定自己的价值，一旦自己不符合这些标准就会产生负向情绪。

因为离内在的自己非常遥远，所以往往不知道自己真正要什么，表达边界很混乱，不重视自己的价值，也不重视别人的价值。一个低自我价值的人和别人的交往，往往要么过度放低自己，要么高高在上，不会有清晰的边界。

边界表达基于自我觉察的能力。有觉察的边界是坚定中带着柔软；没有觉察的边界会要么过度软弱，要么过度强硬。有觉察的边界是为自己好，也为对方好；没有觉察的边界会只想让对方符合自己的要求。有觉察的边界是带着尊重，把选择权留给对方；没有觉察的边界是不尊重对方，让对方没有选择。有觉察的边界是基于自我确信，所以会坚定遵守；没有觉察的边界是基于情绪判断，所以会前后混乱。有觉察的边界是一种分享和邀请，没有觉察的边界是一种策略和胁迫。有觉察的边界会让大家都放松，清楚明白地相处；没有觉察的边界让大家更紧张，需要不断猜测对方的想法。

一致性表达是行为+渴望+后果。

当我们觉得别人侵犯了我们的边界，我们需要不带评断地描述对方的行为，说出我们真正想要什么，也说出如果对方继续不重视我们的边界的后果。

表达界限是一种很有张力的对质，有一些注意事项需要觉察。

第一，找到一个合适的时机和场合表达。

第二，非常明确具体地表达你要什么。

第三，不要带着负向情绪。带着负向情绪的界限通常会变成争吵。

第四，表达无助。这是你感到很多无奈之后的底线表达，是对你们双方都有好处。脆弱的表达比强势的指责更有力量。

第五，聆听情绪。当你表达界限的时候，孩子往往很多情绪，要给予聆听，但是保持自己的坚定。

第六，坚定一致。一定要坚定，并且说到做到。

第七，预留后路。如果当时对方无法接受，而你已经准备坚定地执行自己的界限，告诉对方现在你的决定，如果对方想通了，可以再来找你沟通。

比如，我跟你沟通了好几次，你还是不能合理安排打游戏的时间，我需要你能合理安排时间，现在我只能把你的手机先收走，如果你愿意和我好好沟通，愿意遵守我们达成一致的规划，合理安排你的时间，我才能把手机还给你。

你这半年都无法合理安排你的零花钱，总是买一些规划之外的东西，我需要你能够对零花钱有一个合理的计划，所以这个月不再给你额外的零花钱，如果你这个月还是超支，就必须接受没有钱花的后果。

❀ 一些辅助一致性沟通的语言

1. 表达界限的语言

要清楚地表达自己的界限才能创造好的关系。比如，国家之间的国境线、两个人的银行账户，如果没有划分清楚，相互混淆，会造成很多冲突和混乱。

界限是自己要什么和不要什么，应该在什么地方说"是"、什么地方说"不"。我们总是很难说"不"，很难拒绝别人。可是如果你不说"不"，就会经常做你不喜欢做的事，压抑自己真实的感受，背负不应该自己背负的责任。结果，要不然自己很累，要不然想要断绝和别人的关系。在该说"不"的时候，却说了"是"，结局会变成"不"。

说"不"的能力是很多人欠缺的能力。要想树立清晰的界限，需要学会说"不"。如果我们有力量，就可以表达自己真实的想法，可以拒绝，承认自己的局限。我们可以做真实的自己，可以接纳自己的不完美，也会减少对别人的抱怨，把别人该背负的责任还给别人。在该说"不"的时候说"不"，虽然你说的是"不"，结局却是"是"。

你可以像这样练习说"不"，不好意思，我时间有限，能力有限，精力有限，这件事我做不到。

2. 自我校准的语言

沟通中最重要的一件事就是要牢记我们想要的结果。我们想要的结果是双方协商，是双赢。这些只有在不指责、不批判的情况下才能实现。

当我们有正向情绪，会愿意协商；如果我们有很多负向情绪，就会忘记协商,会把协商变成了指责、批判。

要经常提醒自己,我们要的结果是什么,所以在沟通中,我们需要做自我校准。这就像发射火箭一样,当火箭已经偏离了目的地,我们需要重新校准方向。

如果我们发现在沟通中对方的身体、情绪和语言已经充满对抗,就需要重新校准我们的沟通方式,因为对方的对抗可能是我们的指责和批判引发的。

具体来讲,当身体向后、有小动作、开始皱眉,情绪上开始激动、生气、焦躁、失去耐心,语言上开始对抗、争辩、找借口、指责和批判,这些都是开始对抗的征兆。这时候我们需要自我觉察,重新明确自己沟通的目的,调整自己的沟通方式。

有一个沟通方法可以协助我们自我校准,那就是直接问对方,"你是不是觉得我在指责你?"如果对方回答说不是,你可以继续沟通;如果对方说是,你可以跟对方解释你的意图。这样可以让你们的沟通重回正轨,这是借助询问对方进行自我校准。

有时候我们也可以询问第三方进行自我校准,你可以问另外一个人:"你觉得我这样说孩子会觉得我在指责他吗?"如果另一个人说不是,你就可以按这样的方式去沟通;如果另一个人说是,你可能就需要修正自己的沟通方式。

可以借助询问对方或者借助第三方进行自我校准,保持沟通的正向动机。时刻记得,在沟通的时候要明确自己的目的,是协商和双赢、不是指责和批判。

3. 真实表达的语言

一个爱自己的人才能真正爱别人。

爱自己的人会真实做自己。当自己做不到的时候,会说自己做不到;不舒服的时候,会表达自己的不舒服;对别人有意见的时候,会说出自己的意见。这反而会减少别人的负担。你说了做不到，别人就不会过度依赖你；你说了不舒服，别人就知道如何跟你相处；你说了自己的意见，别人就会减少自己的错误。这样会有一个好的关系。

一个人不爱自己，就不会真实做自己。做不到的时候，还过度承担；不舒服的时候，还压抑自己；对别人有意见的时候，还粉饰太平。这些反而会造成麻烦。你过度承担，会充满抱怨；你压抑自己，会攻击别人；你粉饰太平，会造成虚假繁荣。这样反而会有不好的关系。

要先爱自己，有能力做真实的自己，才能够真正去爱别人。

父母在对待孩子的时候，也需要爱自己，做真实的自己，才能对孩子有所帮助。

父母可以说："我要真实地跟你表达一下我的担心、我的焦虑、我的需要、我的感受……"

真实的表达不会有攻击性，只有掩盖真实才会有攻击性。真实的表达反而会让彼此变得更好。你可以练习真实的表达。

4. 表达信任的语言

当我们不相信事情会变好，会看到孩子有很多欠缺。当我们相信事情会变好，会看到孩子的很多进步。

当我们相信孩子会变好，会对孩子有很多耐心，会愿意去鼓励、认可孩子，会看到孩子的努力。当我们不信任孩子会变好，我们会很没有耐心，我们会批评、催促孩子，会忽略孩子的努力。

很多时候我们也想给孩子认可、鼓励，但是当我们内在有恐惧和担心的时候，就会发现很难认可、鼓励孩子。只有把恐惧变成信任，才能真的认可、鼓励孩子。信任是对孩子的滋养，恐惧是对孩子的剥夺。

当你看到孩子犯了错误的时候，请先觉察自己的内心，把恐惧变成信任，跟自己说，孩子一定会变好。当你转换了自己的认识，就会认可、鼓励孩子，孩子也会开始相信自己会变好，你的正向信念会传递给孩子，让孩子变得更好。

在孩子犯错误的时候，跟他说："我相信你一定会做好，我看到你已经有进步了，你也要相信自己能够做好。"

把自己的恐惧变成信任，告诉孩子，这些信念会播种在孩子的心里，帮助孩子创造一个好的人生。

5. 卸下负担的语言

我们经常说，孩子是家庭的镜子，孩子的问题不是孩子的问题，孩子的问题是家庭问题的缩影。比如父母有冲突，如果父母不能解决彼此的问题，家庭里就充满了紧张气氛，孩子在这样的环境里会很痛苦，从而导致学习不好、情绪不好、身体不好。当有一天父母能解决彼此的问题，变得亲密，孩子就变得放松，学习会变好、情绪会变好、身体会变好。

如果父母不愿意面对彼此的问题，孩子就会背负父母的问题；如果父母可以面对彼此的问题，孩子就会健康快乐。所以父母一定要去面对自己人生的问题，不要让父母的问题成为孩子的问题。

为了让孩子卸下家庭的负担，父母可以经常跟孩子说："爸爸妈妈的事是我们两个人的事，你不需要管我们的事，我们会为我们的人生负责，我们会过好我们的人生，你要过好你的人生。"这样可以帮助孩子卸下家庭的负担，不让孩子成为家庭的代罪羔羊。

6. 给予回馈的语言

人不是孤立地活在这个世界上的，人是关系的动物。我们的快乐和别人分享，我们就得到了加倍的快乐；我们的哀愁被人理解，就减轻了我们的哀愁。我们成功的时候，有人替我们高兴，我们觉得成功是有意义的；我们失败的时候，有人陪伴我们，我们觉得失败是可以面对的。我们在做任何事情的时候，其实都会考虑到别人，身边的人对我们影响巨大。

我们的行为需要得到别人的反馈，父母对孩子的行为要有所反馈，尤其是正向的反馈。表达对孩子行为的赞赏、认同、高兴，会鼓励孩子，加深孩子对正向行为的印象，让孩子不断重复这些正向行为。

正向反馈的表达方式可以是具体的行为+你的感受+对你的影响。比如，你今天帮妈妈分担了家务，妈妈很高兴，这让妈妈很轻松。这样的反馈会让孩子对自己的行为有更深刻的理解，会让孩子加强自己的正向行为。

❀ 一致性沟通的法则

1. 父母要有健康的界限

有两种父母，一种是界限不清楚的父母，另一种是界限清楚的父母。界限不清的父母会和孩子有很多冲突，界限清楚的父母会跟孩子有好的关系。

界限是你和他人的边界，你要什么，不要什么，说清楚你的边界，别人才知道如何跟你相处。如果不说清楚你的界限，就会有很多误解和冲突。人与人之间所有的冲突都是因为界限不清楚。

父母尤其需要清晰地划分和孩子之间的界限。作为父母，如果界限过于严格会让孩子很有压力，如果界限过于松散会让孩子缺乏管教。

界限也清晰地划分了两个人的责任。如果父母不为孩子付出，孩子会很受伤害；如果父母过度付出，孩子会变得没有独立自主的能力。

一个界限清楚的人是内在很有力量的人，她不会让别人欺负自己，也不会去欺负别人，会勇于承担自己的责任，对别人强加给自己的会说"不"，会清晰地和他人沟通，不会隐瞒和委屈自己的需要，也不会控制和压迫别人，知道自己喜欢什么、不喜欢什么，会追求自己真心想要的，也会拒绝那些多余的负担，对自己想要的会全力追求，对自己不想要的会拒绝诱惑。界限清楚的人不委屈也不攻击，所以会和人有很长久的亲密关系；界限不清楚的人要么委屈、要么攻击，会和人有纠缠不清的关系。有界限的人因为尊重自己的需要和感受，也会尊重别人的需要和感受，所以总是愿意和别人平等沟通；没有界限的人因为不尊重自己的感受，也不会真正尊重别人的感受，所以要么伤害自己、要么伤害别人。

2. 界限不清的父母对孩子的三种伤害

有界限的父母会成为孩子的榜样，没有界限的父母会伤害孩子。界限不清楚的父母会对孩子有三种伤害。

2.1 父母界限太严格会压抑孩子

> 有一对访客，他们的孩子在学校遭遇霸凌事件，变得很抑郁，也不懂得反抗，只会用生闷气的方式来应对欺负她的同学。我问他们，孩子在家里有什么需要可以得到满足吗？他们告诉我，孩子的父亲很强势，比如孩子打游戏，她的父亲会直接把手机收走，甚至摔手机，很多年都这样，导致孩子不敢反抗、不敢沟通。

我跟孩子父亲说："孩子之所以变得不敢反抗，就是因为你有一个霸道的模式，孩子的行为是你塑造出来的。"其实学校里喜欢欺负人的孩子会专门找这种缺乏反抗能力的人作为欺负的对象。

当父母界限过于严格，孩子会不敢表达自己真实的想法，不敢说出自己真实的需要，这样孩子容易成为一个被人欺负的人。

2.2 父母没有界限会纵容孩子

> 有一个妈妈总是有很多自我否定，说话细声细语，与人相处总是讨好别人，在教育孩子的过程，不敢要求自己的孩子。在跟

> 孩子一起的时候，孩子趾高气扬、充满叛逆，而妈妈逆来顺受、低声下气。孩子经常用看不起她的语气跟她说话，甚至对她冷嘲热讽。我提醒这个妈妈，这个孩子看起来很喜欢挑战权威，可能会跟老师有冲突，影响学习。结果半年后，这个妈妈来见我，说她女儿和老师起了很大的冲突，闹得很不愉快，孩子不想上学了。

这个孩子为什么容易跟权威有冲突？因为这个妈妈没有展现她的权威，孩子践踏了妈妈的权威，在学校孩子也会挑战老师的权威。我建议这个妈妈拿出权威力量，不然就算换一个学校，孩子可能会重复和权威的冲突。除非让孩子懂得尊重妈妈，否则孩子不会尊重学校的老师。

对于这位性格软弱的妈妈，改变真的是不容易的事，我教她学会说不，教她说到做到，教她严守界限。在这个过程中，她面对女儿的挑战、情绪，甚至威胁，最终拿回了母亲的权威。她的女儿逐渐开始懂得尊重妈妈，和妈妈建立了好的关系。一段时间之后，她女儿有了更多力量和老师沟通，不但没有换学校，反而和老师关系更好了。

如果父母没有自己的界限或者退让自己的界限，会让孩子侵犯别人的界限，不顾及别人的感受。这样的孩子长大之后会跟身边人起很多的冲突。

2.3 界限混乱让孩子混乱

> 有一个妈妈小时候觉得自己的父母重男轻女，自己没有得到父母的爱，所以觉得自己很失败。长大之后，她一方面想要追求成功，另一方面又觉得自己很失败。她生了一个女儿，她看到女儿就想到小时候的自己，她一会儿跟女儿说，一定要成功，一会儿跟女儿说，达不到目标也没有关系。另一方面希望孩子成功，另一方面又害怕孩子失败，总是来回矛盾。女儿充满了困惑，遇

> 到事情总是犹豫不决，没有自己的主见，对自己的人生也充满了困惑。终于有一天，孩子不想去上学了。

我对这个妈妈说："这是因为你还没有从你自己小时候的伤痛中走出来，你很想追求成功，又觉得成功很难，但是又无法接受失败，你觉得很痛苦，你的这份情绪让孩子压力很大。"

她因为小时候的伤痛变得不知道自己想要什么，因此造成的界限混乱让孩子很困惑、压力很大。我帮她疗愈了小时候的伤痛之后，她跟孩子说："你可以过自己的人生，妈妈会为自己的人生负责，妈妈的人生是妈妈的人生，你的人生是你的人生，你可以做你自己。"

父母界限混乱会让孩子充满困惑。不停猜想父母的感受会让孩子没有心情学习，没有心情跟人去建立好的关系，没有心情好好休息，甚至会得心理疾病。很多时候孩子不上学、情绪不好、身体不好，是因为父母不知道自己想要什么，界限混乱而造成的。

父母需要成为一个界限清楚的人，这样孩子才能健康成长。

第三章
做觉察型父母

第一节 觉察型养育和模式型养育

在养育卓越孩子三步法里有一个智慧父母的公式：

智慧父母=觉察－模式。

要成为有智慧的父母，需要增加觉察，减少模式。我们要做觉察型父母，而不是模式型父母。

觉是观察，察是发现，觉察是通过对事物如实、深入、敏锐地观察，发现让人生更好的智慧和能力。

我们发现衣服扣子扣反了，自然会重新扣一次；意识到脸上有一道黑色的印记，会马上回去清洗；留意到路上有一个坑，便赶紧绕着走；看到孩子问题的真正原因，就想快点解决问题，这些都是源于人的自我觉察力。

阻碍觉察的是模式，模式是僵化的认知和行为。当我们陷入僵化的认知和行为，看不到扣子扣反了，看不到脸上的印记，看不到地上的坑，看不到孩子问题的真正原因，自然就会重复犯错误，得不到想要的结果。

要成为觉察型父母。觉察型父母愿意改变自己，愿意自我成长，会放下自己惯性的认知，对孩子的需要和感受非常敏感，会把孩子视为独特的、跟自己不一样的生命，不会把自己的认知强加给孩子，会看到自己的行为惯性对孩子的影响，会和孩子一起成长，会看到自己人生经验和孩子人生经验的不同，会和孩子分享自己的人生经验。当和孩子有冲突的时候，会用平等沟通的方式而不是权威控制的方式解决问题；会为自己的情绪负起责任，而不是让孩子为大人的情绪负责；会用自己的改变影响孩子，而不是一味要求孩子；会陪伴孩子的脆弱，而不是批判孩子的脆弱；会尽量给出无条件的爱，而不是有条件的爱；会尊重孩子的感受，而不是让孩子一味听从自己……

这是觉察型父母所具备的一小部分特质。

模式型父母总是很执着，不愿意自我反思、自我成长，对孩子的需要和感受非常迟钝，有固执的好坏对错，总是想控制孩子，一旦孩子不符合自己的要求就会很有情绪，会居高临下地教导孩子，不愿意和孩子共同协商、共同成长，容易有情绪，倾向于孩子为自己的情绪负责，对孩子是有条件的爱，不接纳孩子的脆弱，用自己的好坏对错压抑孩子的想法……

这是模式型父母的一小部分特质。

养育卓越孩子三步法的目标是让父母增加觉察，减少模式，成为觉察型父母。

我们再来对比看看觉察型父母和模式型父母。

1. 觉察型父母愿意改变自己，模式型父母只想控制孩子

觉察型父母愿意觉察自己的模式，愿意面对自己的情绪，愿意改进自己的沟通，会正向使用养育卓越孩子三步法，用自我的改变更好地养育孩子。模式型父母不愿意觉察自己的模式，不愿意面对自己的情绪，不愿意改进自己的沟通，会反向使用养育卓越三步法，只想用控制的方式让孩子改变。

模式型父母只想坚持自己的模式，就像手里拿着一个笼子，总想把孩子装进自己的笼子里。如果孩子不愿意父母就会有情绪，这些情绪就像一个棒子，会敲打孩子。为了更好地控制孩子，父母又学了一些沟通方法，这些沟通方法就像一块糖果，父母想要让孩子听从他们的建议。

模式型父母不愿意改变自己，他们手里拿着一块糖，就是那些沟通策

略，但是这些糖是为了让孩子钻进自己的笼子里，让孩子符合自己的模式，当孩子不愿意，父母就会变得很有情绪，情绪就像棒子，父母就拿着这些棒子，要求孩子一定要钻进自己的笼子。

用这样的方式和孩子相处，孩子会愿意听从建议、会好好沟通吗？也许短时间内会愿意，但是这种被控制的感觉太让人难受了。父母慢慢会发现，沟通策略越来越没有效果，最后给孩子再多的糖，孩子也不愿意听了，因为孩子知道糖后面是个笼子，笼子的后面是棒子，目的都是要让孩子钻进父母的笼子。

觉察型父母会放下好坏对错的执着，看到孩子的需要和感受，给孩子一片天空。这样的父母愿意面对自己的情绪，当孩子犯错的时候，会给孩子一个提醒，这个提醒不是棒子，而是一个哨子，提醒孩子不要做伤害自己和别人的事。和孩子有冲突的时候，会和孩子做双向沟通，找到两个人都接受的解决方式，这就像和孩子跳一支和谐的双人舞，在亲密中找到共赢的解决方案。

用这样的方式，父母给了孩子一片天空，让孩子自己飞。当孩子犯错，吹哨子给予提醒；有冲突的时候，跳段双人舞好好沟通。不管吹哨子还是双人舞，都是为了让孩子有更大的天空，孩子会越来越健康。

从觉察型父母身上，孩子会学到，人与人是可以公平解决问题的。在生活中，会给别人空间，当有人侵犯自己的界限，孩子会学会用吹哨子的方式表达自己；处理冲突的过程就像跳一支双人舞，跟别人基于双赢解决冲突。

2. 觉察型父母给孩子高自我价值感，模式型父母给孩子低自我价值感

拥有高自我价值感是一个人成功和快乐的关键。觉察型父母能够培养出一个高自我价值感的孩子。

高自我价值就像一个自动导航系统，不管经历什么样的困难和挑战，

最终都可以快乐和成功。低自我价值感就像一个自动破坏系统，就算拥有好的外在环境和个人条件，最终都无法快乐和成功。我们用英文Being来形容高自我价值的状态，Being是存在的意思，高自我价值感的人是肯定自己存在价值的人。当一个人肯定自己的存在价值的时候，不管外在发生什么，都不影响自己的心情，不管发生什么，都会让自己的人生继续向前。

我们用三个词来形容低自我价值的状态。第一个词是"变成什么"，就是觉得自己不够有价值，一定要变成什么样的人才觉得自己有价值。比如一定要成为一个有钱的人、有名的人、让别人认可的人，一旦自己没有达到这个标准，就觉得自己没有价值或者觉得自己很失败。

第二个词是"做些什么"，就是觉得自己价值感不够，一定要做些什么才觉得自己有价值。比如一定要做事做得快、做得完美，一定要为别人着想，如果没有做到，就觉得自己没有价值或者觉得自己很不好。

第三个词是"拥有些什么"，就是觉得自己内在价值不够，一定要拥有些什么才觉得自己有价值。比如一定要拥有一个好孩子、一套大房子、一个好工作，一旦没有达到，就觉得自己没有价值、觉得很痛苦。

高自我价值感的人把价值定位放在自身，无论发生什么都觉得自己有价值；低自我价值感的人把价值定位放在外面，一旦外面的事情发生变化就容易焦虑、崩溃。

觉察型父母会放下自己的执着，肯定孩子独特的思想和感受，从而让孩子自我肯定，拥有高自我价值感。模式型父母坚持自己的执着，忽略孩子独特的思想和感受，孩子会有很多自我否定，自我价值感会低。父母要接纳孩子本来的样子，而不是只想让孩子变成自己想要的样子。

3. 觉察型父母注重孩子的现实自我，模式型父母注重孩子的理想自我

人本主义心理学大师罗杰斯认为，一个人的自我由两个部分组成，一

个叫现实自我，是真实的那个我，另一个叫理想自我，是想要成为某种理想状态的那个我。如果一个人尊重现实自我，去实现理想自我，就容易自我实现。当一个人否定现实自我，一定要实现理想自我，就会出现问题。觉察型父母会放下自己僵化的认知，看到孩子的现实自我。模式型父母坚持僵化的认知，会忽略孩子的现实自我。

当一个人能够接受现实自我，会有自我接纳、自我尊重，会激发自我的创造力去实现理想自我。这样的成功不需要委屈和压抑自己的感受，外在会取得成功，内在也会心灵完整，这是一种内外均衡的成功。

当一个人不能接受自己的现实自我，会有自我否定、自我贬低，会用自我压抑的方式去追求理想自我。压抑自己真实的感受去追求理想自我，要不然会因为过度压抑现实自我而无法成功，要不然可能外在成功，心灵却产生了缺失，变成一种内外失衡的成功。

我们是要教导孩子活出理想自我，但是一定不要用打压现实自我的方式，让孩子达成理想自我。因为那些被压抑的感受和需要并没有消失，总有一天这些能量会以一种破坏性的方式冒上来。

如果只强调理想自我、压抑现实自我，只追求外在世界的成功、忽视内在心灵的完整，这样的成功早晚会付出代价。可能因为过度压抑，而身体不好或者孩子产生心理问题或者形成某种上瘾症。

父母在养育孩子的过程中，不但要重视孩子的理想自我，更要重视孩子的现实自我。

4. 觉察型父母陪伴孩子的脆弱，模式型父母打压孩子的脆弱

孩子小的时候内在世界充满生存焦虑，极度依赖父母，如果父母能够觉察并且同理孩子的感受，孩子就能够面对脆弱，在父母的陪伴下获得内在的力量。

觉察型父母愿意陪伴孩子的脆弱，父母的陪伴就变成了孩子的自我陪伴，父母的支持就变成了孩子的自我支持。觉察型父母会养育出一个内在

强大的孩子，孩子长大之后能够面对困难挫折、积极进取。

模式型父母只希望孩子符合自己的标准，不去支持孩子的内在世界、不会去陪伴孩子的脆弱，这让孩子在小的时候失去了面对脆弱的能力，长大之后会难以面对困难挫折，会消极放弃。

我们来看一下父母坚持自己的模式、不陪伴孩子的脆弱带给孩子的影响。人有四种负向性格类型，都和忽略孩子的脆弱有关。

第一种，如果妈妈怀孕的时候很焦虑，甚至不想要这个孩子，这个孩子长大就会觉得很不安全，容易恐惧、焦虑，觉得自己没有价值。

第二种，孩子刚出生的时候，需要自己学习吸吮，如果这个过程被打断，孩子会觉得没办法靠自己，会变成非常依赖他人的人，内心会觉得自己无价值，别人跟他们在一起会觉得能量被吸走。

第三种，如果妈妈过度干涉小孩的界限，比如没吃饱就不让吃了，或者已经吃饱了还让吃，孩子未来会总是责怪自己、攻击自己，会无法表达内心的感受，觉得自己无价值。

第四种，如果孩子小时候被很多规则所限制、管教过严，就会变得完美主义，不断追求成功，内心经常觉得自己一无是处。

5. 觉察型父母养育出觉察型孩子，模式型父母养育出模式型孩子

如果父母有觉察力，孩子也会变得有觉察力；如果父母坚持自己的模式，孩子也会坚持自己的模式。觉察型父母会养育出觉察型孩子，模式型父母会养育出模式型孩子。

觉察让人愿意了解他人，让人有弹性、有创造力，能保持积极心态，能快速学习，对事情反应快捷，能看穿事情的因果，能把心敞开接受生命的变化，表里一致，心胸宽广，能勇敢做自己，能劳逸结合，行为优雅，有人文关怀，内在自由，敢于独特，聆听内在声音的指引，身心合一，不会重复犯错，在简单中获得快乐，用心去感受生活，有勇气面对现实和磨难，觉得人生有意义，愿意放下执着，让生命能量流动，容易获取成就，

有幽默感，会超越惯性，能超越过往的成就，从心所欲而不逾矩，坚守自己的界限，也尊重别人的界限，愿意自我负责，而不是受害指责，爱自己，享受人生，懂得沟通。

模式让人固执，不顾及别人的感受，容易产生对立和冲突，执着于某些事，想要控制、索取，情绪化，会让人对你失去信任，会让人对你不说真话，会重复生活的剧本，会产生阴暗面的性格，会阻碍真实的情感表达，让自己处在防御的状态，活在恐惧里，坚持负向信念、又会强化负向信念，紧张，形成某种上瘾症，让生命失去平衡，会产生盲点，作为受害者指责他人，依赖外面的人和事，坚持自己的好坏对错，有压迫人的道德感，失去敏感，很难调整，对自己和他人有严苛的要求，成为身边的人的坏榜样，导致身边的人产生偏差行为，自我憎恨，匮乏，因为僵化而导致失败，让人产生舒适区，形成扭曲的认知和偏差的沟通，让人与人心理距离变远，变成自己和他人的牢笼。

希望每个父母都变成觉察型父母，让孩子也成为一个有觉察力的人。

第二节 觉察的公式

从上一节,我们知道要做觉察型父母,而不是模式型父母。我们需要增加觉察,减少模式。那如何能够增加觉察,减少模式呢?

我们有觉察的公式:结果的背后是模式,模式的底下是情绪,情绪的底下是信念,信念的底下是经验,经验的底下是选择。我们用一个图来表现这个公式。

❀ 结果的背后是模式

人生的结果是由一个人的行为模式决定的。每个人都知道应该积极、正面、乐观,如果可以一直保持这样的心理状态,人生自然就会有比较好的结果。但是很多人总是控制不了自己,会陷入消极、负向、悲观的惯性模式,这样就没有办法创造好的结果。

没有僵化模式的人遇到挑战会调整自己,让自己处在尽可能开心的状态,继续向前。有僵化模式的人遇到挑战会启动自己的模式,会陷入无能为力的状态,让人生停滞不前。

陷入僵化模式的人就算换了环境也可能导致同样的结果。一个容易不开心的人换一个城市，还是很容易让自己陷入不开心。有觉察的人就算环境没改变，也可能创造不同的结果。

再差的环境里，也有人创造好的结果；再好的环境里，也有人造成很差的结果。坚持自己模式的人觉察力很低，喜欢抱怨环境。有觉察力的人会改变自己的模式，去改变环境。

一个人的行为模式决定了自己的人生。

我们举个例子说明，我有一个朋友从来没有养过狗，也没有想过要养狗，他的生活跟狗不会发生关系，这是他人生的结果。

他有一个模式就是见到狗就躲，不到养狗的人家里去，路上见了狗就绕开，这是他的行为模式。这样的模式导致了他生活的结果，就是他的生活里不会有狗。

相反，有的朋友家里有很多狗，这是他们人生的结果。观察这些生活中有狗的人，他们的行为模式就是，不管在哪里见到狗，只要那条狗不是有攻击性的，他们都喜欢跟狗亲近、跟狗玩。这样的行为模式决定了他们在生活中会养狗。

不同的行为模式会产生不同的人生结果。什么样的人就有什么样的人生，人生结果的背后是行为模式。

❁ 模式的底下是情绪

模式的底下是什么？是情绪。见到狗就躲的模式的底下，是见到狗就紧张、害怕、不舒服的感觉，除非改变这份情绪，否则，远离狗的这个模式就很难改变。

一条街有很多家餐厅，你选的一定是你感觉好的餐厅，别人不让你去，你还会想办法去。如果有家餐厅让你感觉不好，就算有人硬拉着你，你也不会想去。不同的人对这条街上的餐厅有完全不同的行为模式，那什么决定了这些不同的模式呢？不同的人对不同的餐厅有不同的情绪。情绪决定了模式。

会养狗，甚至从事跟狗相关的工作，这样的结果底下是看到狗就靠近、就触摸的模式，这个模式的底下当然是见到狗就舒服、就开心的情绪。所以行为模式决定了结果，情绪决定了行为模式。

✿ 情绪的底下是信念

这个朋友的信念是狗会咬人，所以害怕狗，信念产生了情绪。如果一个人的信念是狗很友善，看到狗就会有完全不同的感受，信念决定了情绪。

✿ 信念的底下是经验

为什么有人觉得狗会咬人？信念是由经验决定的。没有一个小孩天生觉得狗会咬人，一定是经历了一些事才有这样的信念。不用猜，这个朋友小时候一定被狗咬过或者看到别人被狗咬过。他说，小时候在路上被一条很大的狗咬过，当时没有人帮他，他很害怕，这个画面让他觉得狗会咬人，所以见到狗就害怕，见到狗就躲开，根本没想过养狗。

✿ 经验的底下是选择

如果人生被自己的经验主宰，就完全没有自由了。很多人有很痛苦的经历，但还是可以创造成功的人生。所以经验底下有一个更大的力量，那就是选择。

面对同样一件事，你可以从负面看，可以从正面看，可以站在一百年之后看，可以从地球的角度看，可以从月球的角度看，可以从银河系的角度看。面对同一件事情，从不同的角度看，你会有一个完全不一样的经验，可以得出完全不同的结论。

有人小时候家里很穷,如果从负面看待这个经验,会相信赚钱很难,赚钱很辛苦,最后可能真的赚不到钱。如果从正面看,可以激励人学习如何赚钱,相信钱是能赚到的,赚钱是很开心的事,就会喜欢赚钱,最后可能真的就赚到钱了。

结果的底下是模式,模式的底下是情绪,情绪的底下是信念,信念的底下是经验,经验的底下是选择。

其实一切都是可以改变的。就像这个怕狗的朋友,如果有一天他的孩子被狗追,他还躲着狗吗?如果有一天他爱上一个非常喜欢狗的女生,他可能对狗会有新的经验,会做一个完全不同的选择。

如果我们对自己的人生不满意,可以在觉察的基础上做一个新的选择,从而创造出新的人生。人生是可以重新选择的。

> 有一个访客,只要他有了钱,就想把钱花光。
>
> 我帮他回溯他的人生,他小时候过年都能拿到压岁钱,但过完年,父母总会把他的压岁钱要回去,他非常痛苦,因此,就有了一个信念,钱不属于他,到手的钱还是会失去。所以他看到钱,就有赶紧把钱花完的紧迫感,他的模式就是有钱赶紧花,结果就是他总是没钱。我帮他对这个经验做了一个新的选择,他开始有了新的信念,看到钱不再有急迫的情绪,他开始能够存住钱。

如果在日常生活中,你可以对这些心理活动有所觉察,会得到一个更好的人生。当然,想要有觉察力,必须愿意向内观照自己的心理活动,如果遇到事情忙着责怪别人,向内的觉察就无从谈起。

当人遇到一个不想要的结果,如果承受很大的压力和指责,就很难检讨自己的模式,而是会抱怨环境、抱怨身边的人,变得消极应对、与人对抗。如果没有承受太大的压力和指责,就会觉察自己的行为模式。这个人会反省，如果我可以改变我的模式，就可以有一个不一样的结果。

觉察到自己的模式之后，如果很想改变自己的模式，就会发现，其实自己之所以总是消极和对抗是因为有一份难以面对的情绪，那份情绪可能是怕失败、怕不被尊重。这时候，你会自我反省，如果可以控制那份情绪就好了，如果可以控制这份情绪，就不会有那样的行为。

觉察到模式底下的情绪之后，如果很想改变自己的情绪，你就会发现，之所以怕失败、怕不被尊重，是因为自己习惯性的想法，总是认为成功很难，总是认为人与人很容易对抗，是想法决定了情绪。

觉察自己的信念之后，如果想改变，就会发现是过去的经验形成了现在的信念。如果不是因为小时候经历过失败，看到很多人与人的对抗，不会有这些负向信念。如果可以放下过去的痛苦，释怀那些伤害过自己的人，就不会有这些负向信念、情绪、模式。

觉察到自己的经验之后，如果很想改变，会重新做人生的选择，会放下过去的经验，用新的角度看人生，改变自己的想法、情绪、模式，拥有一个新的人生。

这就是结果—模式—情绪—信念—经验—选择的觉察过程。

有的人一辈子责怪别人，连觉察的机会都没有，所以没有进步。有的人不去责怪别人，而是不断觉察自己，会不断进步。

我们鼓励每个父母都成为有觉察力的父母，成为更好的自己才能更好地养育孩子。

自我觉察是不容易的事。怎样可以让我们快速觉察呢？答案是意愿、爱与智慧。当一个人有意愿觉察、有意愿改变，就会愿意快点改变自己的模式、情绪、想法，愿意放下过去，重新为人生做一个选择。

有了意愿，还要有爱。人在被批判的情况下不会反省自己，只会不断辩解和对抗。人在被爱的情况下会反省自己、承担责任和改变自己。

有了爱之后，还要有智慧。智慧可以让人看清楚这些心理运作的过程。智慧需要学习。

第三节 孩子行为的奥秘

当你不断觉察,越来越了解自己,你也可以用觉察的公式去了解孩子、帮助孩子。

孩子的觉察过程也是如此。结果的背后是模式,模式的底下是情绪,情绪的底下是信念,信念的底下是经验,经验的底下是选择。

我们会通过一些案例来说明孩子内在的觉察公式。

✿ 看到孩子的模式

行为模式会形成性格。好的性格才能有好的人生。父母都希望孩子有一个好性格,希望孩子自信、有力量、积极、快乐、有目标、有理想,能抗挫折。

如果孩子自卑、情绪化、说谎、懒惰、容易放弃、喜欢冲突,就很难有好的性格,很难创造好的人生。

如何帮助孩子改变不好的行为模式,拥有一个好性格呢?

❀ 了解孩子的情绪

> 有一个女生,20岁左右,长得挺漂亮,却很不自信,因为她身上经常长很多湿疹,这让她不想见人。皮肤反映的是人的情绪,是我们跟这个世界的界限。我问她,关于情绪和与人的界限,你会想到什么?她说在生活中她很难表达自己的情绪,尤其是愤怒。因为她的父母脾气都非常不好,甚至有些暴力,她从小就不被允许表达自己的愤怒,长大之后,当她生气的时候,就不知道如何表达,尤其是对父母和老师。

她有一个压抑自己愤怒的模式,就是让自己把愤怒憋回去。但是这种模式让她的身体感觉不舒服,从而反应到了她的皮肤上。

我帮她把生活中的场景演出来,当她压抑自己情绪的时候,课堂上每个同学都能感受到皮肤很不舒服,我协助她练习表达自己的愤怒。当她越来越熟悉自己情绪的运作,她认识到,湿疹其实是她的朋友,是来提醒她需要表达自己的情绪。如果她能够把愤怒表达出来,皮肤就会变好;如果她不能表达自己的愤怒,皮肤就会替她表达。湿疹其实是一个信号,提醒她需要表达愤怒。她对湿疹有了深刻的认识,慢慢学会了表达自己的情绪。

一个人的僵化模式会造成生活中的问题,但是僵化模式底下是一份难以面对的情绪。能够面对情绪,脱离原来的僵化模式,问题就会被解决。

父母不仅要关注孩子的问题,更要关注问题背后孩子的行为模式以及模式底下的情绪。

探查孩子的信念

如果能够看到孩子结果背后的模式、模式底下的情绪,并且能够安抚孩子的情绪,孩子就可以获得很多改变。如果孩子有一些情绪,持续了很长时间都难以表达和改变,父母需要看到孩子情绪底下的信念。

我们也用一个案例来说明。

> 我开了一个青少年夏令营,有一个孩子来参加夏令营,说到零花钱的问题,妈妈说了很多话,但是孩子低着头不说话,问他有什么想要说的,他也不吭声。孩子不说话,妈妈有点崩溃,妈妈说,孩子在家也这样,每次孩子这样,她就想发脾气。

我观察发现这个妈妈很喜欢自说自话,总是没等孩子说完话就抢着说话,很强势,总是让孩子按照她的来。

为了解决他们的问题,我耐心邀请孩子表达,孩子叹了口气说:"反正说了没用。"等孩子愿意开口说话,我帮助孩子表达了他内在的想法,跟他说:"因为妈妈总是顾着自己说话,所以你有一个想法,觉得妈妈不会跟你协商。"他说:"是的。"我说:"所以你听到妈妈说话就很抗拒。"他说:"是的。"我又说:"当妈妈跟你说话,你就不想说话,是吗?"他说:"是的。"

在和妈妈的长期互动中,孩子已经形成了一个负向信念,就是妈妈不愿意协商。当孩子已经有了这样的信念,每次妈妈说话,孩子就会立刻陷入负向情绪,立刻启动负向行为模式,妈妈再说别的话,其实已经不起作用了。

妈妈看到孩子的信念、情绪和模式,对孩子有了更深的了解。当信念已经形成,就需要花更多的精力去改变。为了引起妈妈的重视,我跟妈妈说，把一个负向信念改变成正向信念，需要1比5的力量。如果用一年时间让孩子形成了一个负向信念，大概需要五年时间才能扭转这个负向信念。

妈妈听了开始有了很强的改变意愿。我说："有一种方法可以帮你缩短改变孩子信念的时间，就是你的诚意，孩子在过去这些年已经不相信你会协商，要让孩子相信你可以协商，你要有足够的诚意让孩子相信。"

我教妈妈改变自己对待孩子的方式，沟通的时候不要总带着很多负向情绪，愿意听孩子讲话，愿意了解孩子的想法，愿意用协商的方式解决问题。

我用了很长时间孩子才愿意试着相信妈妈是有诚意沟通的，两个人协商出了关于零花钱的方案。

经过这次，妈妈在生活中持续练习对待孩子的方式，几个月之后，妈妈说，孩子比以前喜欢表达了。

❂ 知晓孩子的经验

信念对人生有很大影响，如果一个人已经有了坚定的负向信念，他的负向情绪和行为模式会非常的固执，难以改变。这时候我们需要看到信念底下的经验，才能更深刻地理解孩子。

> 我开了一个五天的青少年营，有一个14岁的小孩叫阿虎，被妈妈威逼利诱来上课。第一天早上开营，我就注意到这个孩子，他把面前桌子上的纸杯子、名牌、纸巾都弄得粉碎。我知道这个孩子创伤很大。果然如我预料，刚开始上课，分小组的时候，他就和其他孩子吵架、打架、摔东西，要退出课堂。他的妈妈很急，要打他，结果妈妈越急，他就越有情绪。

我很诚恳跟小虎说："问题的发生我有一部分责任，跟他道歉，邀请他可以留下来。"他勉强留下来，在五天的课程中，他任何活动都很少参加，就是在不停地打游戏，有时候也会跟其他同学吵架。我知道他的创伤很大，很不信任别人，很敏感。我把这些情况看在眼里，只要他不伤害到别人，我都接纳，我只是不断温柔地邀请他参加活动，邀请几次，他不参加，我也接受。他的妈妈很急着让他参加活动，我不断安抚他的妈妈。

五天时间里，他不理人，不参加活动，不停打游戏，跟人吵架，不断挑战我，挑战课堂，挑战他的妈妈。每次他这样做，他的妈妈就很抓狂，很着急。连助教和其他孩子的父母都难以接受，但是我知道，他只是有一颗受伤很重的心。

我不断地保持接纳，从来没有批评他，也没有不尊重他。五天时间里，他一点点融入课堂，做出了改变。在小组活动中，他从一开始打架，不断地吵架，再到平静。每次体验活动结束后，进入分享环节，他从一开始绝对不参与、不分享、捣乱，到后来，在其他人分享的时候不再捣乱，再后来，经过反复邀请，他可以说一两句话。他在一点一点改变。

最后一天，他妈妈告诉我小虎的故事。原来在这个孩子1岁多的时候，父母去外地打工，把孩子留给保姆照顾，中途还换过一次保姆，在此过程中，他受到两个保姆的虐待和殴打，一直到7岁才回到父母身边。

他妈妈说，现在孩子有很多坏习惯，不好好学习、情绪化、打架、逆反、手机上瘾。我跟她说，这些不是坏习惯，这些是孩子对自己心灵创伤的保护。他小时候伤痛太大了，如果不让自己的情绪有一个出口，他都活不到现在。==他妈妈看到的是孩子有很多坏习惯需要管教，而我看到的是孩子有很多伤痛需要抚慰。==

最后一天课程结束的时候，阿虎跟他妈妈说："妈妈，这里的老师和同学太好了，我长大了，要把这里买下来，一半给你住，一半给老师讲课。"孩子有很大的改变，这让我们所有的人都非常感动。

如果没有很伤痛的负向经验，就不会有很固执的负向信念，不会有强烈的负向情绪，不会有很负向的行为模式。父母不能一味批判孩子的行为，而要深入看待孩子。

再伤痛的经验也可以被疗愈，只是需要更多的爱与慈悲。

❂ 影响孩子的选择

痛苦不是一个事实，而是一个选择，我们永远可以选择用更积极的角度看待人生。

能够做出正向、积极的选择是一种需要锻炼的能力。很多人认为，自己的人生没有选择。我们需要不断提醒自己，人生是可以做选择的，这很重要。

> 有一个高中生，因为爸爸打过给她，难以原谅爸爸。我用了很多方法，试图让她换一个角度看待这件事，比如让爸爸说出为什么会打她，让爸爸跟她道歉，鼓励她站在爸爸的角度去思考，但是她还是不愿意放下这件事。

我跟她说："有两条路可以选择，一条路是像现在这样一直停留在小时候，怨恨爸爸，这样你会有很多负向情绪，会活在抱怨里，觉得世界很辛苦，也会影响你跟别人的关系。另一条路是可以选择尝试相信爸爸不是不爱你，而是爸爸也有局限。你现在长大了，可以用更成熟的方式看待这件事。爸爸有缺点，做得不好，但是你的人生是有力量的，比爸爸有更好的资源、机会，你可以做得更好。这样你可以去做喜欢事，实现自己的梦想，创造一个更好的人生。"

听完我讲这一番话，这个孩子好像醒了一样，她说选第二条路。从那时开始，这个孩子开始放下过去，有了很多改变，成熟了很多。

让孩子认识到，人生是可以做选择的，最有效的方式就是父母以身作则，面对困难的时候以积极的心态做选择，孩子会受到很大的鼓舞。

我们每个人都需要锻炼选择的能力，为人生做最好的选择。

第四节 帮助自己和孩子觉察

❀ 觉察公式的原则

如何用觉察公式帮助自己和孩子？我们先了解几个觉察公式的原则。

1. 觉察是深入看到真相的能力

觉察的过程就像养一棵树，树的果实（结果）如果出了问题，我们需要去观察枝叶（行为模式），如果枝叶（行为模式）还解决不了问题，我们需要去观察树干（情绪），如果树干（情绪）还解决不了问题，我们需要去看到树根（信念），如果树根（信念）还解决不了问题，我们需要去观察土壤（经验），如果土壤（经验）解决不了问题，我们需要去看种子（选择）。

> 一个11岁的孩子很小的时候就离开妈妈，在外婆家长大，有很多负向情绪，焦虑、抑郁，甚至有自残倾向。她在学校里跟同学有冲突，跟老师有冲突。她帮助自己的方式就是画画和想象。她跟妈妈说，每当很痛苦的时候，会想象一个受伤的狼人和她做伴，这让她得到很多安慰。妈妈不太能接受。有一天，她跟学校心理老师交谈，老师也不太能接受狼人的形象，觉得这个形象很

> 负面，和她做了一些心理卡片的游戏。结果孩子的狼人想象再也没有出现。从那之后，孩子的情绪变得更加负向，更加焦虑，更加抑郁。

我跟这个妈妈说，狼人的形象是孩子抒发情绪的一种方式，是孩子化解伤痛的一种方式。

行为模式的问题往往是深层情绪的问题，如果我们无法觉察到更深的层面，不但问题无法解决，甚至会让问题更严重。觉察是深入看到真相。

2. 阻碍觉察的是羞耻感，帮助觉察的是爱与慈悲

觉察是深入去观察一件事，当你觉得一件事让你感到很羞耻的时候，只想逃避，就不会想要去观察那件事了。只有当你有爱与慈悲的时候，才会愿意靠近，才会想要去观察那件事。所以批判是觉察的结束，接纳是觉察的开始。

当你对自己有羞耻感、批判自己的时候，你会沿着觉察公式向上，让自己变得越来越盲目，越来越陷入模式，越来越没有觉察。

当你对自己有爱与慈悲、接纳自己的时候，你会沿着觉察公式向下，让自己越来越看清真相，越来越有觉察，越来越摆脱模式。

重复负向结果的人往往不愿意承认和检讨自己的模式，重复负向模式的人往往不愿意接纳和面对自己的负向情绪，重复自己负向情绪的人往往不愿意面对和修正负向信念，重复自己负向信念的人往往不愿意看见和探索负向经验，放不下负向经验的人往往不愿意接受和承担自己的选择。

这些都是羞耻感在作祟。当你有很多羞耻感，就会有很多难以改变的行为模式。越批判自己，越难以改变。如果你想沿着觉察公式向下，需要用接纳代替批判，用爱与慈悲代替羞耻感。

当你有对孩子有羞耻感、批判孩子的时候，孩子会沿着觉察公式向上，让自己变得越来越盲目，越来越陷入模式，越来越没有觉察。当你对孩子有爱与慈悲、接纳孩子的时候，孩子会沿着觉察公式向下，让自己越来越看清真相，越来越有觉察，越来越解脱模式。

不愿意检讨自己的行为模式，把人生结果的责任推给别人的孩子，往往有一对对孩子的行为很批判的父母。无法改变自己行为模式的孩子，往往有一对对孩子的情绪很指责的父母。不能控制自己情绪的孩子，往往有一对对孩子的某些思想很排斥的父母。不能停止某种负向信念的孩子，往往有一对忽略孩子受伤心灵的父母。无法放下自己受伤经验的孩子，往往有一对不允许孩子犯错的父母。

当你对孩子有很多羞耻感，孩子就会有很多难以改变的模式。越批判孩子，孩子就越难改变。如果你想让孩子学会自我觉察，沿着觉察公式向下，需要减少对孩子的批判。

事情只是需要被看到、被改正，而不是被羞辱、被掩盖。接纳才能带来改正。

> 一个朋友跟我说，他朋友的孩子总是打游戏，时间很长，爸爸很无助，不知道该怎么办，只是不断埋怨孩子，责骂孩子。我说，其实打游戏只是孩子的一个自我保护，背后有很多伤痛，如果不去疗愈那些伤痛，只想拿掉孩子的自我保护，可能会造成不好的后果。我建议这个爸爸不要只顾着批判孩子打游戏，而要去关注孩子的需要和感受。但是我给的建议他们没有听进去。后来这个朋友跟我说了一个很不幸的消息。有一天，这个孩子又在不停打游戏，爸爸把孩子的游戏机抢过来，让他不要再打游戏了，结果孩子直接从楼上跳了下去。

如果我们只是一味地批评孩子的行为模式，不愿意了解孩子行为背后深层的原因，可能会造成非常严重的后果。

3. 只有能够自我觉察的人才能帮助别人觉察

事实上，我们帮助别人觉察的能力来自自我觉察的能力。如果只是抱怨结果，不愿意觉察自己的行为模式，面对孩子时也会很焦虑，无法帮助孩子觉察行为模式。

不能觉察自己情绪的父母无法看到孩子的情绪，无法觉察自己信念的父母看不到孩子的信念，不能觉察自己的经验的父母看不到孩子的经验，不能看到自己的选择的父母看不到孩子的选择。

你对孩子内在世界的觉察来自你对自己内在世界的觉察。一个没有很深的自我了解的人无法深入了解别人。父母要养成自我觉察的习惯，才能帮助孩子自我觉察。

父母自我觉察的习惯会对孩子有深刻的启发。父母不抱怨结果，愿意觉察和改变自己的模式，平息自己的情绪，扩展自己的信念，愿意放下过去的经验，承担自己的责任，这些孩子都会跟着学。

觉察型父母会养育出觉察型孩子。

> 有一位访客管教孩子很严，但是孩子总偷钱去打游戏，最多偷几万块，她无论怎么管教都无效。
>
> 我跟她说，除非了解孩子内在的感受，否则就无法了解孩子的行为模式。对孩子的了解来自你的自我了解。我问她，小时候有没有偷过钱？她说，有。我帮她回到小时候，家里穷，她被管教得很严格，实在太压抑，所以会偷钱去买自己喜欢的东西，但是被父母抓住会非常羞愧，但是太想要喜欢的东西了，又忍不住去偷。她终于明白了孩子的感受，管教孩子太严，导致孩子很压抑，孩子才会去偷。

她回去之后，跟孩子沟通彼此内在的感受，鼓励孩子有需要直接沟通，她也适当满足孩子的需要，孩子就很少会用偷钱的行为满足自己了。

只有深入了解自己，才能深入了解孩子。

✿ 用觉察公式自我觉察和帮助孩子觉察的方法

1. 在模式层面自我觉察和帮助孩子觉察

面对一件事，看看发生了什么，自己的行为模式是什么，自己的行为模式如何影响了事情的结果，问自己这是不是自己想要的，下次可以做什么改进？

面对一件事，跟孩子探讨发生了什么，孩子的行为模式是什么，孩子的行为模式如何影响了事情的结果，问孩子这是不是自己想要的，下次可以做什么改进？

2. 在情绪层面自我觉察和帮助孩子觉察

觉察情绪的五个步骤是：觉察、承认、接纳、选择、使用。要觉察到自己的负向情绪，懂得承认自己的负向情绪，练习接纳自己的负向情绪，练习在有负向情绪的时候依然可以做有智慧的选择。学习正向使用情绪，除了这五个步骤，还可以练习表达自己的情绪，学习一些静心的方法。

可以跟自己说："我有这一份感受，我接受这一份感受，我可以怎么样使用这份感受让我的人生更好。"

帮助孩子觉察需要主动同理孩子的情绪，涵容孩子的情绪，要给孩子的情绪表达的空间，不要把情绪当成洪水猛兽。

你有什么样的感受？我完全能理解你的感受，你可以跟我分享这份感受。如果发泄这份感受，你觉得会怎么样？这是你想要的吗？你觉得可以怎么样正向使用这份感受？我们可以用这份感受做一些什么样建设性的事？

3. 在信念层面自我觉察和帮助孩子觉察

承认自己的局限信念，懂得区分信念和现实，懂得鼓励自己，愿意在生活中冒险，突破自己的负向信念。

面对一件事，我有一个什么样的信念和想法？这个信念符合现实吗？如果和现实不符合，我愿意修正我的信念吗？这个信念对我的人生有帮助吗？我愿意放下和扩展这个信念吗？我可以做些什么扩展这个信念？

对孩子的信念保持好奇，帮助孩子区分信念和现实，鼓励孩子在生活中做出冒险，突破自己的局限信念。

面对一件事，你有一个什么的信念和想法？这个信念符合现实吗？你有没有去跟别人验证过？你愿意做一些不同的验证吗？这个信念对你有帮助吗？你愿意放下和扩展这个信念吗？你可以做些什么扩展你的信念？

4. 在经验层面自我觉察和帮助孩子觉察

承认自己的负向经验，抚慰小时候的自己，学会放下失落，珍惜人生。

我有一份经验，里面有很多失落，虽然很痛苦，但是为了我爱的人和我的梦想，我愿意接受这份失落，继续我的生活。

鼓励孩子分享自己的经验。孩子分享过去受伤的经验时，要给予抚慰，鼓励孩子放下失落。

在这份经验里你有受伤的感觉，我能理解你的这份感受，你可以跟我聊聊你的感受，我很心疼你，如果你认为我做错了，我愿意向你表达歉意，希望你可以原谅我，希望你可以相信，我并不是不爱你，而是不知道怎么表达我的想法和感受，希望你可以放下这份失落，继续你的生活。

5. 在选择层面自我觉察和帮助孩子觉察

承认自己的人生是自己的选择，接受自己的错误，重新做出新的选择。

关于这件事我做了一个什么样的选择，我应该承担一份什么样的责任，我学到了什么，下一次我可以做不同的选择。

帮助孩子看到自己的选择，帮助孩子自我负责、重新做出选择。

你觉得关于这件事你有一份什么样的责任？如果你可以做一个什么样不同的选择，这件事会更好吗？你学到了什么？下次你可以做一个怎样不同的选择？

第五节 读懂孩子不同阶段的心理需求

孩子在不同的年龄阶段有不同的心理需要，如果我们能够关注到孩子的需要，孩子就会觉得被爱；如果我们忽略孩子的需要，孩子就会觉得自己很受伤。孩子受伤的感觉可能会影响他一辈子。

兔子需要吃草，你天天给它吃肉；老虎需要吃肉，你天天给它吃草。树需要浇水，你让它干着；花需要阳光，你把它放在黑暗里。兔子和老虎会抑郁，树和花会枯萎。连动物植物的生存都需要去满足它们的需要，更何况是孩子？

如果父母长期无法了解孩子的心理需要，孩子可能出现严重的问题，某种程度上说，孩子所有情绪和行为的问题都是因为父母不了解孩子的需要造成的。

父母为什么会忽略孩子的需要？最重要的原因是孩子在某一个年纪的需要引发了父母在自己小时候需要没有被满足的痛苦。父母小时候没有得到陪伴，看到孩子需要陪伴就会升起烦恼，想要逃避；如果父母小时候不被允许表达情绪，看到孩子表达情绪父母就会产生烦躁。

父母小时候某个年纪有一个创伤，父母会无意识地让孩子在相同年纪有一个跟父母类似的创伤。我们了解孩子的行为发展心理学，一方面是了解孩子的需要，满足孩子的需要；另一方面是看到孩子的需要怎样引发了父母的创伤，帮助父母看到和疗愈自己的创伤，让父母和孩子都得到疗愈。

很多不同的心理学流派都在描述和探讨孩子行为发展心理学，以下综合了几个不同流派，介绍一下孩子的心理发展。这里的重点是如何让父母了解孩子的同时也了解自己。

✿ 孩子心理发展有六个阶段

第一个阶段：出生—18个月是依恋期。

第二个阶段：18个月—3岁是探索期。

第三个阶段：3—4岁是认同期。

第四个阶段：4—7岁是竞争期。

第五个阶段：7—12岁是关系期。

第六个阶段：12—18岁是亲密期。

不同年龄阶段有不同的心理需要。

1. 依恋期

在孩子出生最初的18个月，孩子从心理和身体上完全依赖父母，孩子通过父母进入世界，我们把这个阶段叫作依恋期。如果父母让孩子感到安全舒适，孩子会感觉世界是安全舒适的；如果父母经常缺位或者不回应孩子的情绪，孩子会觉得这个世界是不安全的。

父母在这个阶段需要提供孩子所需要的一切，这给了父母一个机会，从以自己为主到以孩子为主。父母需要关注喂食、换尿片、洗澡等生活细节。如果父母在自己小时候和父母有良好的依恋关系，在自己做了父母后也能提供良好的依恋关系给自己的孩子；如果父母小时候在自己的依恋阶段有创伤，孩子的依恋状态会激发父母的创伤，从而让父母无法提供好的依恋给孩子，这会造成孩子依恋阶段的创伤。

在依恋阶段有创伤的父母看到孩子需要依恋，会勾起自己在依恋期没有被亲密照顾的感受，这种感觉会驱使父母要么漠视孩子的依恋需要，避免接触，冷漠应对，要么会产生虐待倾向，从情绪上或者身体上把孩子推开。

在这种环境下长大的孩子会封闭自己需要被照顾的需求，回避与人的亲密接触，形成孤立封闭的内心世界。

在依恋阶段有创伤的父母也可能去到另外一个极端，就是过度粘连。过度粘连的父母是反复无常的，通常没空照顾孩子，冷落孩子，但是有时会过度热情地照顾孩子。父母有时候冷漠，有时候又过度热情，孩子会感觉自己有时候是被爱护的焦点，有时候又被推到无人的荒漠。这样长大的孩子会很害怕失去，会用自己的主观想象去想象人际关系，有时候想象得过于好，有时候又想象得过于不好，容易反复无常，也容易与他人产生误解和冲突。

2. 探索期

当孩子度过依恋期，一岁半之后会进入探索期。这时候，孩子对周边世界充满了好奇心，有旺盛的精力去探索世界。你会经常听到孩子说"看这个""看那个"。他希望能够从父母那里得到赞赏和肯定，这个时期父母的职责是在保护孩子安全的情况下，不要伤害孩子的好奇心，允许孩子有独处的时间。父母需要尽可能对孩子的发现给予支持和鼓励，这样孩子长大之后就会对这个世界持续保有探索的兴趣。

如果父母在自己经历探索期的时候，好奇心没有得到支持，当自己的孩子进入探索期的时候，就会激发父母的创伤反应。一种情况是被激发创伤的父母会对孩子的兴奋探索表现冷淡疏离，不感兴趣，不耐烦，恨不得孩子快点长大。这会导致孩子长大之后缺乏探索世界的兴趣，害怕表达自己真实的意见，不能肯定自己的情绪和思想。还有一种情况是被激发创伤的父母会过度干涉孩子的探索过程，给孩子定很多规矩，让孩子一切都要依照父母的指令行事，不敢让孩子去冒险，很害怕孩子的探索行为引发危险。这会导致孩子长大之后处处小心，对世界充满恐惧，觉得世界充满危险，不敢冒险。

3. 认同期

这是一个寻求自我认同的阶段。对孩子来说，依恋期间的问题是，你是谁；探索期间的问题是，这是什么；而认同期间的问题是，我是谁。

在这个年纪，孩子已经可以把外在的父母形象内化到自己的内心，如果内在有能提供安全感的父母，孩子会有更大的安全感面对这个世界。经过很多的探索之后，她希望在内心找到一个一致性的自我感觉，就是他希望知道自己是谁。

孩子会尝试模仿、认同各种形象，动物中的、图画中的、电视中的，她想通过探索不同的面向来最终确定自己是什么样的人。父母应该对这种探索给予肯定和认同，但同时也要设定边界，让他们不要侵犯别人的界限。

孩子会去探索英雄的角色、脆弱的角色，甚至异性的角色，有时候会扮英雄、有时候扮弱者、有时候扮异性。但是孩子的探索并不代表孩子会成为那样的人，在父母的支持下，孩子会找到一个健康、完整而独特的自己。

如果父母自己小时候在自我认同的探索过程中曾经受到批判，父母对待自己的孩子也只允许孩子表现自己认同的状态，当孩子表现不同的状态时会给予批判和谴责。这会让孩子觉得自己某些状态是不好的，从而开始压抑自己某一部分的自我。父母不能接受自己的阴暗面，也会让孩子形成类似的自我阴暗面。比如父母不喜欢自己情绪化，会隐藏自己的情绪，父母就会讨厌孩子的情绪化，导致孩子也压抑自己的情绪。

还有一种父母，因为自己小时候在自我认同的探索过程中受到忽视，面对孩子的自我认同的探索过程，往往充满惶恐，不知如何应对。这会导致孩子内心惶恐不安，不能肯定自己，会导致孩子有松散的自我认同，长大之后不知道自己是谁、没有自我肯定的感觉，甚至会有喜怒无常的多重人格。

4. 竞争期

当孩子经历了依赖父母的依恋期，对世界好奇的探索期，并且在自我认同期建立了自我，这时候他很想看看这个独立的自我在这个世界上有什么样的影响力、能够获取什么样的成就，所以孩子会想在各种方面展示自己的能力，他会想在很多方面赢过别人，比如在学习、运动、做手工方面。他也会有独占的想法，他会经常说"我的爸爸""我的玩具""我的家"。这也是恋父恋母情结发展的时期，在此期间，父母要在孩子遇到挫折的时候给予鼓励，并且给予孩子具体的指导，对孩子的各种尝试给予鼓励。这样孩子就会对自己有很多的信心，小时候获得成就的经验会让他长大之后也容易取得成就。

孩子在竞争期的表现会引发父母在自己小时候竞争期的创伤。过度控制的父母因为自己小时候在竞争期没有得到足够的鼓励和认可，会产生跟自己孩子的竞争，会跟孩子竞争谁做事比较好、谁学习比较快、谁更善解人意。当孩子做得不够好的时候，会进行嘲讽、羞辱，会用自己的意见压抑孩子的意见，会过度要求孩子，不给孩子循序渐进的过程。这样长大的孩子会成为争强好胜的人，会觉得赢是人生唯一的目的，会不断跟身边人竞争。

还有一种在竞争期有创伤的父母因为在小时候没有得到鼓励和认可，会逃避竞争，这样的父母会跟孩子说，赢很重要，但是赢会破坏关系、带来冲突，会让孩子为了逃避冲突不要去赢、去讨好别人，还会为孩子的失败找借口。这会让孩子觉得逃避冲突比获得成功重要，这样长大的孩子会无法面对自己的竞争天性，会用逃避的方式面对竞争，会为自己的失败找借口，但是会嫉妒和攻击那些获得成功的人。

5. 关系期

关系期的孩子会学习和面对各种各样的关系，在这之前他只关心自己的感受和想法，现在需要学习在各种不同的关系中去了解别人的感受和想法。

以前和父母的关系是父母单向付出，现在需要学习既能够利他又能够利己。这期间孩子会发展出关心他人的能力。如果顺利度过这个阶段，孩子会学会如何与他人建立友谊。

这个时期父母要做的是用更有弹性的方式协助孩子，尊重孩子的隐私，认可孩子的朋友，协助孩子在满足自己和尊重他人之间取得平衡。

小时候关系期有创伤的父母因为自己的父母不支持自己结交同辈朋友，会变成性格孤僻的人，会对孩子的社交需求漠不关心，或者会跟自己的孩子说，不要对人敞开心，关系太亲密只会带来麻烦。这会让孩子活在自己的世界，隐藏自己的情感，变得孤僻，只会在幻想世界中想象和别人的关系。长期压抑自己的很多情感，会容易有某种上瘾症，比如游戏上瘾、运动上瘾。

还有一种在关系期有创伤的父母相信，获得别人的情感回报就要付出代价，会用牺牲自己的方式与人建立关系。他会教导自己的孩子牺牲自己的需要，满足别人的需要。这会让孩子因为害怕被人排斥而不断照顾他人的感受，让自己身心疲惫，表面上很会社交，但是缺少真心朋友，并且可能会用自我牺牲的方式去操控别人。

6. 亲密期

亲密期是青少年寻求两性情感的阶段。随着性本能的发展，孩子渴望性和情感的亲密，会尝试突破性的禁忌和限制，同时又渴望情感上的亲密。这时孩子充满了反叛行为，不喜欢父母的控制。这时孩子需要父母更多的尊重，关于很多话题父母要和孩子平等协商，要教给孩子性的知识，并且以身作则示范如何经营亲密关系。这样孩子才可以顺利度过这个时期。

小时候在亲密期受伤的父母因为自己没有学会处理性和亲密关系，往往有两种表现，一种父母会对孩子这个时期的冲动行为袖手旁观，既不对孩子的冲动行为表达清晰的界限，也不做出正确的示范，导致孩子要独自面对强烈的生理冲动，可能会导致孩子犯很多性方面的错误，或者会有越界行为。

还有一种父母因为自己在严格管教中成长，也会给予孩子很多严苛的管教，导致孩子会压抑自己的性冲动来换取父母的认同。这会导致孩子对于性和亲密关系充满恐惧、害怕尝试，对性和亲密关系的需要充满压抑，长大之后可能造成亲密关系的失败。

了解孩子不同年龄的行为发展心理学，有助于父母满足孩子不同年龄的心理需要，对孩子的健康成长至关重要。

但是如果父母自己在这些发展阶段有创伤，当面对孩子在某个阶段的需要的时候，就会行为失调，会导致我们用伤害性的方式来应对孩子的需要，导致孩子也跟父母一样受伤。

父母需要看到孩子的需要，通过孩子觉察自己的内在，疗愈自己的创伤，和孩子共同成长，在养育孩子的同时，也疗愈自己，才能创造更好的亲子关系，更好地养育孩子。

第六节 孩子的问题是对父母改变的召唤

有两种父母,一种父母把孩子的问题当成改变自己的机会,另一种父母在孩子出现问题时会指责孩子不符合自己的期待。第一种父母把问题当成一个改变的机会,用更好的自己带给孩子更多的爱与支持;第二种父母抱怨、指责孩子,让孩子感受到更多伤害和压力,从而让孩子的问题变得更糟糕。

我们从三个方面来说明孩子的问题是在召唤父母成长。

❀ 孩子的问题召唤父母的改变

做生意的时候总是猜疑别人,就不会有好的合作关系。在伴侣关系中总是挑剔对方,就不会有好的夫妻关系。教育孩子时总是指责孩子,就不会养育出一个好的孩子。

当问题不断地累积,就会变成一个灾难。与合作伙伴的对立越累积越多,就想离开公司了。伴侣之间吵架太多,无法沟通,就想要分手了。对孩子的指责越来越多,孩子的负向情绪积累太多了,孩子就不想上学了。

大问题都是一系列小问题的累积,在灾难出现之前,问题早就存在了,只是我们一直都没有做出改变,才会变成一个大问题。

问题就像一个邮递员,他来给你传递一些信息,希望你收到信息做出改变。如果你不愿意接受这个信息，但邮递员知道这个信息对你很重要，如果你不改变，会有很大的灾难，所以邮递员就会敲门，敲门不开就会拍门，拍门不开就会踢门，再不开就会拿一个小炸弹炸开你的那扇门。你会抱怨，怎么总是有人不断找你麻烦，其实他们不是找你麻烦，他们是来告诉你一些信息，希望你做出改变。

如果你对孩子的指责已经对孩子造成伤害，影响了孩子的身心健康，孩子一开始可能会发脾气，后来学习成绩不好，再后来就不想上学，最后可能需要看心理医生了。其实孩子的问题是一步一步累积起来的，父母没有及时觉察到小问题、没有及早改变，才会演变成一个灾难。如果小的灾难你没觉察，就会变成一个大的灾难。

从这个角度来看，问题其实是一种召唤，灾难其实是一种恩典，都是来提醒你要做出改变。

父母的坏情绪和坏习惯一直累积下去早晚会影响孩子，孩子会出现问题。有智慧的父母很敏感，当问题还很小的时候就改变自己。没有智慧的父母会迟钝，只有问题变成灾难才会想要改变自己。父母需要提高敏感度，遇到问题尽早改变自己，要不然会导致孩子出现更大的问题。

父母需要从全新的角度看待孩子的问题，孩子的问题是在召唤父母的改变。

❀ 孩子的问题召唤父母付出某种能量

孩子的所有问题都是因为缺乏某种能量导致的，缺乏陪伴就会没有安全感，缺乏认可就会没有自信。孩子缺乏的能量就是父母没有给出的能量。除非父母有一天能够给予孩子这份能量，否则孩子的问题无法真正解决。

孩子的问题是在召唤父母付出某一份能量。

父母为什么无法给予这一份能量呢？因为父母也活在匮乏中，父母觉得自己缺乏陪伴、缺乏认可，所以当孩子需要的时候，父母就无法给予这份能量。

其实父母的匮乏除了会反应在孩子身上，对自己的人生也有很多的损害。觉得自己缺乏陪伴、缺乏认可会让父母过得很痛苦。从这个角度看，其实孩子的问题是让父母变成更好的自己的一个机会。如果孩子不出现问题，父母还会继续拖延，无法把自己变成更好的自己。

如果有一个人来提醒我们，应该放下自己的悲伤，放下自己的痛苦，应该变成一个快乐、圆满的自己，我们应该感谢他们，还是埋怨他们？

如果你借助这个机会改变自己，你会很感谢对方提醒你；如果你不愿意改变自己，你会埋怨对方揭开了你的痛苦。

如果父母不快乐，让自己活在痛苦中，孩子的人生会出现问题，孩子的问题就像父母的敲门砖，孩子用自己的人生问题想要敲开父母的心门，让父母变得更好。

很多时候除非父母能够快乐，否则孩子的问题不会得到解决。孩子的问题是在召唤父母成为更好的自己。

❀ 孩子的问题召唤父母身心平衡地生活

生命需要平衡，人既要努力也要能够休息，既要能成功也要能享受快乐。当人的生命失去平衡的时候，只能工作、不能休息，只能成功、不能快乐，那生命就会失去平衡。

当生命严重失衡的时候，会用灾难的方式让你恢复平衡。比如，当人生命失衡之后，有可能情绪不好、可能生病，或者工作上出现失误，表面看起来是灾难，其实这些灾难是想要让你的生命恢复平衡的一种信号。

当一个人失去平衡、过度努力、不能够让自己放松、过度工作、不能让自己快乐，可能会很辛苦、焦虑、抑郁。这些负向情绪最容易在谁的面前展现？最容易发泄在谁的身上？当然是和自己最亲近的人，比如伴侣，尤其是自己的孩子。

外面的人看到了你的努力、看到了你的成功、看到了你光鲜亮丽的一面，但是孩子却承受了你的辛苦、焦虑、抑郁。

当孩子活在这样一种负向能量的氛围之中，久而久之，他就会情绪不好、身体不好、学习不好。

孩子的问题是想要让父母恢复生命的平衡的信号，除非有一天父母真的能够听到这个信号，自己做出改变，得到放松和快乐，孩子跟你在一起的时候，感受到的是正向能量，而不是那些负向能量，孩子才有可能真正变好。

基于以上三点，我们看到，孩子的问题其实是父母需要做出改变的一种召唤，如果父母听不到这个召唤、不愿意做出改变，孩子的问题不会真正解决，反而有可能越来越糟糕。

为了孩子，父母需要早点做出改变。

第七节 最好的教育是自我教育

最好的教育其实是让孩子学会自我教育。自我教育就是在自己真实的人生中自我学习、自我成长、自我改变的能力。

有两种父母,一种是让孩子依赖自己指导的父母,另一种是让孩子学会自我教育的父母。第一种父母不允许孩子有自己的认知和体验,喜欢让孩子依赖父母的指导;第二种父母允许孩子有自己的认知和体验,让孩子依赖自己的内在指引。前一种父母会让孩子养成依赖外在权威的习惯,后一种父母会让孩子养成自我教育的习惯。

其实最好的教育是让孩子学会自我教育,因为每个人的人生都是独特的,一种理论不可能适用所有人。一个人要想过好自己的人生,最好放下外在的固有理论,面对自己真实而独特的人生,在自己真实的人生中得出属于自己人生的结论。

我们从三个方面说明为什么要让孩子学会自我教育。

❀ 自我教育依靠自己的经验

人有自我学习的能力,可以从自己的经验中学习,得出自我的结论。自我经验是全身心的学习,所以学习来的东西是最深刻、最没有困惑的。就像我们学习1+1=2,一种学习是学习抽象的数字理论和公式;另一种是在生活中去体验，左手一个苹果，右手一个苹果，加起来是两个苹果。这两种学习方式，后者更让人记忆深刻。

理论是容易让人困惑的，而经验是非常笃定的。就像你学开车，如果只学理论你还是无法完全学会什么时候踩油门、什么时候踩刹车。如果你坐上车去练习，亲身体会踩油门和踩刹车产生的不同效果，全身心体验踩油门会让汽车加速的感觉和踩刹车会让汽车减速的感觉，你就可以真正学会怎么驾驭汽车。全身心去体验才是真正的学习。

喜欢指导孩子的父母往往急着让孩子学习理论，忽略孩子的经验，这会造成孩子的困惑。比如面对孩子的愤怒，如果父母可以协助孩子去面对自己的愤怒，孩子就可以向自己的愤怒学习，看看自己因为什么事情愤怒，自己的想法是什么，自己的需要是什么，愤怒带给自己的影响是什么，什么样的应对是有帮助的，什么样的应对是没有帮助的。孩子很快就可以学会怎么去面对愤怒，怎样恰当地表达自己的愤怒，学会什么时候该生气，什么时候不该生气。

如果父母只是教给孩子理论，而不让孩子自己去体验，孩子就会充满困惑。比如当孩子愤怒的时候，急着跟孩子说"不应该生气"，打压孩子的愤怒，孩子没有观察和探索自己的愤怒，只记得生气是不好的，再次面对愤怒的时候，就忙着去压抑控制自己的愤怒，压抑不住了就会失控。下次再面对愤怒，还是会想到父母说愤怒是不好的，赶紧去压抑、控制愤怒，压抑不住就再次失控，不断重复这样的循环。之所以这样，就是父母忙着教给孩子一个理论，而没有让孩子用自己的真实经验去学习。

当父母让孩子自己去经历，允许孩子从自己的经验中得出自己的结论，孩子会变成一个很坚定的人。因为他从自己的经验中学习到自己对什么有兴趣、什么让自己开心、什么能够发挥自己的优势、什么是自己真正喜欢的事情，他会真正寻找到自己的使命，坚定地追求自己想要的生活，而不是人云亦云。

如果父母过于执着自己的认知，让孩子遵从你的指导，不让孩子自己去体验人生，孩子长大之后很难自己做决定，总是听从身边人的意见，不敢相信自己的经验，很容易动摇自己的想法，最后只能随波逐流。

要允许孩子自己去经历人生，得出自己人生的结论。

❀ 自我教育可以自我复原

生命有自我复原的能力，就像树枝断了会长出新枝、动物的伤口会自行愈合。

人也具备这种自我复原的能力。人可以从恐惧中慢慢学会如何勇敢，从悲伤中慢慢学会如何快乐，从愤怒中慢慢学会如何中正。你对孩子最好的教育是保留孩子这种自我复原的能力，让孩子在自己的人生中面对恐惧、悲伤、愤怒，自己从这些情绪中自我复原，依靠自己找到勇敢、快乐和中正。

如何做到？给孩子爱与接纳。接纳意味着允许事物有一个自己发展的过程。就像一棵树有自己生长的节奏，河流有自己流动的过程。不接纳意味着我们会用自己的好坏对错标准去干扰自然发展的节奏。

孩子面对恐惧、悲伤、愤怒时，也在学习如何勇敢、快乐、中正。如果父母不相信孩子有自己的内在智慧，看到孩子有困难就会过度惊慌、过度控制、过度指导，这反而让孩子失去了依靠内在力量面对人生困难的能力。这样的孩子长大之后，面对一点点困难就很容易被击倒，一有问题就要依赖他人的照顾，会变成一个内在虚弱的人。

相信孩子有内在智慧的父母在孩子遇到困难时，会理解、陪伴、鼓励孩子，让孩子从内在找到力量去面对困难，孩子会越来越自信。孩子会相信自己有力量开创未来，相信自己可以面对未来的挑战，相信自己有力量克服人生的困难。这样的孩子长大之后，可以承受更大的挑战，不容易被困难打倒，有独自应对问题的能力，遇到挫败能自我复原，会成为一个内在强大的人。

自我教育可以自我扩展

让孩子自己去经历，孩子会越来越愿意体验不同的人生经历，愿意冒险，会对生活保持好奇，不管是成功还是失败、快乐还是伤感、得到还是失去，孩子都愿意去面对和体验，他将会成为一个热爱生活、人生丰富的人。

如果父母坚持自己的指导，不愿意让孩子自己去体验，孩子要遵从大人的意见，不敢冒险，只能做父母想让他做的事情，不敢尝试父母不喜欢他做的事，人生会变得狭窄，只能接受成功、不能接受失败，只能体验快乐、不能体验悲伤，只能面对得到、不能面对失去，不能接受生命的变化，一旦遇到变化，情绪就很容易受影响，会变成一个执着、单调、容易焦虑的人。

一个愿意扩展自己经验的人，在和别人的关系中，会很坚定地表达自己，但是又愿意看到别人的感受。如果自己认同会很坚定地说出来，如果不认同会果断拒绝。认同就是真的认同，会很真诚地表达，不会委屈自己；拒绝也是真的拒绝，因为他是真诚地拒绝，所以没有伤害性。他做的一切都遵从自己的内心，所作的一切都愿意自我负责，不会责怪他人。

习惯于遵从外在指导的人，在跟人的关系中，往往会压抑自己的真实经验，不表达自己，盲目遵从别人，当事情不顺利时，又会把责任推给别人。委屈压抑自己的时候，会抱怨别人，有时候又会偏执地相信自己，不尊重别人的经验，从而造成别人的怨言。

一个愿意让孩子自己去经历人生的人，往往是自己也很有勇气、阅历很丰富的父母。自己勇敢，才能让孩子勇敢；自己的人生丰富，才能让孩子的人生丰富。

真正的教育是能够让孩子自我教育。一个能够自我教育的人，才是一个有独立人格、真正强大的人。

养育卓越孩子三步法线下系列课程

养育卓越孩子三步法高级班9天课程

觉察并转化三种核心模式,面对并超越三种核心情绪,改进并掌握三种核心沟通,知行合一,用养育卓越孩子三步法养育孩子,父母身心解放,孩子自动自发。

养育卓越孩子三步法中级班3天课程

家庭背后是家族,看到养育孩子背后的家族养育烙印,转化家族养育烙印,把家族正向能量传递给孩子。觉察越深,改变越快。

养育卓越孩子三步法初级班2天课程

孩子的负向行为来自反向使用养育卓越孩子三步法,把反向使用变成正向使用养育卓越孩子三步法,孩子将会发生深刻改变。

养育卓越孩子三步法体验课1天课程

不只是头脑分析,而是在体验中学习养育卓越孩子三步法的实战妙用。

《养育卓越孩子三步法》读书会半天课程

有专业老师带领,深入研习书籍精髓,获得加倍成长。

可在各地授权机构报名相应课程。